우리가
조금 더 나은 환경을
만들 수 있다면

## 우리가 조금 더 나은 환경을 만들 수 있다면

발행일: 2023년 7월 4일
발행처: 도서출판 풀씨
등록일: 2019년 11월 20일
등록번호: 제2019-000262호
발행인: 장재연

기획책임: 강희영
글쓴이: 강정미
사진: 박성규

주소: 서울특별시 서초구 남부순환로 2606 금정빌딩 6층
전화: 02-6318-9000  팩스: 02-6318-9100
이메일: koreashe@koreashe.org, poolsibook@koreashe.org
홈페이지: https://koreashe.org
블로그: blog.naver.com/korea_she
페이스북: fb.com/koreashe
인스타그램: @korea.she

기획: 재단법인 숲과나눔
제작: 지식플랫폼

재단법인 숲과나눔
이사장: 장재연
사무처장: 이지현
협동처장: 강희영
사업기획: 김혜승, 전유영, 정상용, 최영주
경영지원: 박준희, 안다영, 이영주, 정여진

값 15,000원
ISBN 979-11-971455-9-9 (03330)

이 책은 저작권법에 따라 보호를 받는 저작물이므로 무단 전재와 복제를 금하며,
이 책의 일부 또는 전부를 이용하려면 반드시 저작권자의 동의를 받아야 합니다.

카페라떼클럽

풀꽃데이

아파트 탐조단

**숲과나눔 풀꽃 인터뷰집**

# 우리가
# 조금 더
# 나은
# 환경을
# 만들 수
# 있다면

에코핀더하기

보틀클럽

시민·되다

자몽

재단법인 숲과나눔 기획

가로수를아끼는사람들

더피커

도서출판 풀씨

발간사

# 세상을 바꾸는 시민아이디어
# '풀꽃'이야기

　새롭고 혁신적인 아이디어는 세상을 바꾸고 인류의 삶을 더 평안하게 만들 수 있습니다. 환경 분야도 마찬가지입니다. 우리는 고정 관념과 관행에서 벗어나 새로운 생각과 방법을 통해 다양한 환경문제를 해결하는 열쇠를 찾을 수 있습니다. 아이디어는 새싹과 같다고 생각합니다. 잘 키우면 꽃을 피우고 열매를 맺으며 큰 나무로 성장할 수 있습니다. 그러나 대다수의 아이디어는 실험해 볼 기회조차 얻지 못하고 사라지고 맙니다.

　숲과나눔은 환경분야의 창의적인 시민 아이디어를 발굴하고 실험하는 활동을 지원해 왔습니다. 숲과나눔의 〈시민아이디어 지원사업〉은 누구나 참여할 수 있도록 자격이나 내용에 아무런 제한을 두지 않고 있습니다. 또한 '풀씨'-'풀꽃'-'풀숲'이라는 단계별 지원형태로 만들어 작은 아이디어가 성장하는 것을 돕고 있습니다. 이를 통해 다른 공모사업에서 기회를 얻기 힘든 많은 실험과 도전이 이루어지고 있으며, 그중 많은 아이디어가 새로운 시민운동의 모습으로 정착하고 성장하면서 확산되고 있습니다.

숲과나눔의 다양한 지원 사업 중에서도 특히 큰 인기를 끌고 있는 '풀씨'는 환경개선 및 실천 활동에 소액을 지원하는 프로그램입니다. 이 프로그램은 증빙 서류 등의 제출도 면제 또는 최소화하여 아이디어 실험에 집중할 수 있도록 설계되었습니다. 2023년 기준으로 450여 개 팀의 2천여 명이 배출되면서 숲과나눔 네트워크의 기반을 이루고 있습니다. 풀씨 지원사업은 국내뿐만 아니라 남미, 아시아 아프리카 등지에서 '국제풀씨 프로그램(Global Seed Grant, Korea SHE Foundation)'이라는 이름으로 큰 인기를 얻으며 진행되고 있습니다.

'풀씨'의 다음 단계인 '풀꽃'은 풀씨의 아이디어를 사업화하거나 정책 및 운동으로 발전할 수 있도록 규모 있는 재정적 지원과 멘토링 등의 도움을 제공합니다. '풀꽃' 사업은 2022년부터는 '사랑의열매 사회복지공동모금회'와 공동으로 진행하는 '초록열매'라는 명칭의 사업으로 대체되어 진행되고 있습니다. 2023년 기준으로 약 70여 팀이 '풀꽃'과 '초록열매'를 통해 지원을 받았습니다.

숲과나눔의 '풀씨'와 '풀꽃' 프로그램 참여자 중에서는 참신한 문제의식과 주제, 그리고 독창적인 아이디어와 방법을 제시함으로써 시민환경운동 분야에서 주목받는 새로운 인재들이 다수 등장하고 있습니다. 이들의 성장에 숲과나눔이 일부 기여했다는 사실에 큰 자부심을 느낍니다. 앞으로도 숲과나눔은 다양한 시민들의 새로운 아이디어를 지원함으로써, 환경 분야의 난제 해결에 도움을 주어 지속가능하고 건강하며 안전한 사회를 만드는 데 기여할 것입니다.

이번 인터뷰집은 숲과나눔의 '풀씨'라는 아이디어 씨앗을 틔우고 '풀꽃'을 피우며 성장하고 있는 개인들의 이야기를 담았습니다. 이들의 사연을 통해 독자 여러분들은 작은 시민 아이디어가 어떻게 성장하며 우리 사회를 더욱 살 만한 곳으로 만들어 가는지 확인할 수 있을 것입니다. 그들이 어떤 문제를 해결하고

자 했으며, 어떤 창의적인 아이디어와 방법을 통해 문제를 극복하고 있는지, 그리고 앞으로의 활동 방향과 고민들에 대한 솔직하고 다양한 이야기를 만나보실 수 있습니다.

인터뷰에 참여해 준 풀꽃 9팀과 그들의 이야기를 엮어 주신 강정미 작가님, 그리고 바쁜 일정 중에 따뜻한 추천사를 써 주신 임세미 배우님께도 깊은 감사를 드립니다. 더불어 풀씨와 풀꽃의 고민을 함께 나누고 격려하면서 굳은 일을 도맡아 주신 숲과나눔의 사업담당자분들께도 깊은 감사의 말씀을 전합니다. 숲과나눔은 앞으로도 '풀씨', '풀꽃', '풀숲', 그리고 '초록열매'의 사연을 지속적으로 소개하는 기회를 만들도록 하겠습니다. 감사합니다.

장재연(재단법인 숲과나눔 이사장)

|                                                            |     |
| ---------------------------------------------------------- | --- |
| 발간사                                                      / 3   |
| 작은 여행에서 큰 숲의 씨앗을 발견한 두 여자 이야기, 자몽                    / 9   |
| 조금은 귀찮고 불편한 가게, 더 피커                                    / 29  |
| 종이팩과 함께 하는 특별한 동네산책, 카페라떼클럽                          / 49  |
| 브랜딩 디자이너에서 제로웨이스트 일상 디자이너로, 보틀클럽                 / 69  |
| 모두를 위한 게임: 보드판을 펼쳐라, 시민·되다                             / 87  |
| 가로수 그늘 아래 잠시 쉬고 싶다면, 가로수를아끼는사람들                   / 103 |
| 제주 바닷속 시간은 다르게 흐른다, 에코핀더하기                            / 123 |
| 스타 디자이너는 아닙니다만…<br>여럿이 반짝반짝 빛나는 일에 진심인 프래그, 프래그(랩) / 143 |
| 우리 아파트에는 새가 산다, 아파트 탐조단                                / 161 |
| 마치며                                                      / 180 |
| 부록                                                        / 183 |

작은 여행에서
큰 숲의 씨앗을 발견한
두 여자 이야기

# 자몽

고금숙: 알맹상점 대표, 망원동을 어슬렁거리는 쓰레기 덕후
유혜민: 다큐멘터리 감독, 카메라를 들고 뛰는 에코페미니스트

 "나랑 재밌는 거 한번 해볼래?" 처음은 금자의 가벼운 제안에서 시작됐다. 금자와 혜몽이 만나 이룬 팀 '자몽'은 비닐봉지가 사라진 나라로 떠난 여행에서 오랜 꿈을 부화시킬 결정적인 단서를 발견한다. 그리고 비닐봉지 없는 시장을 만들고 싶었던 금자는 국내 최초 리필 스테이션 상점을 열고, 금자의 쓰레기 덕질 여정을 다큐멘터리로 기록한 혜몽은 세상의 수많은 관객들과 만나게 된다. 덕후가 덕질을 하듯 집요하고 신나게 자원순환 프로젝트를 이어가는 자몽팀을 만나봤다.

🌱 금자는 알맹상점 운영자로, 혜몽은 다큐멘터리 제작자로 각자의 영역에서 활발하게 또 바쁘게 지내고 있어요. 각자의 일이 많을 텐데 '자몽팀'은 여전히 진행 중인가요?

(혜몽) 금자의 '자'와 혜몽의 '몽'이 합쳐서 만들진 자몽은 저희에게 부캐 같은 팀이에요. 자몽을 통해 환경을 위해 정말 하고 싶은 실험적인 프로젝트를 진행하죠. 요즘은 본캐로서 각자의 본업을 하느라 많이 바쁘긴 하지만, 우리 두 사람의 정체성이 오롯이 담긴 팀이기에 저와 금자가 존재하는 한 자몽팀은 언제나 존재하고 진행 중이랍니다.

🌱 자몽의 첫 시작이 궁금해요.

(금자) 2018년 숲과나눔 '풀씨' 사업에 선정되면서 자몽 프로젝트가 본격적으로 시작됐어요. 그때 저는 탈출구가 필요했어요. 망원시장에서 1년간 진행한 '비닐봉지 없는 시장 만들기' 캠페인이 마무리되는 시점이었어요. 열심히 했지만 드라마틱한 변화는 만들어내지 못했죠. 대형마트처럼 비닐봉지를 유료화하는 식의 제도가 뒷받침되지 않고는 한계가 분명하더라고요.

함께했던 봉사자들도 각자 하던 일로 돌아가고 저 혼자 남았어요. 앞으로 어떻게 운동을 해야 할까, 다음 단계는 무엇일까

고민을 많이 했어요. 그러다 비닐봉지를 제도로 규제한 다른 나라들을 내 눈으로 확인해보고 싶은 맘이 들었어요. 혼자보다는 팀이 나으니까 영상 작업하는 혜몽에게 같이 가보자 했더니 흔쾌히 오케이를 해주었고요. 그렇게 자몽팀이 만들어졌어요.

🎙 평소에 혜몽도 환경에 관심이 있었나요?

(혜몽) 처음 금자를 알게 된 건 여성환경연대에서였어요. 금자는 활동가였고 저는 단체의 활동을 기록하는 촬영 일을 했어요. 일하면서 금자와 죽이 잘 맞았어요. 하지만 저는 환경활동가도 아니고 실천가는 더더구나 아니었어요. 솔직히 비닐봉지에 대한 관심보다는 평소 신뢰해온 금자와 떠나는 여행이 재밌을 거 같았어요. 기꺼이 풀씨 프로젝트의 백업을 맡아 몇 해 동안 자몽팀 일을 하면서 환경에 대한 공부가 천천히 제 삶에 스며들게 됐어요.

🎙 유럽의 환경 선진국들을 두고 인도와 케냐를 선택한 이유가 궁금해요.

(금자) 독일이라든지 노르웨이 같은 유럽 선진국들의 사례도 물론 좋죠. 음료용기보증금제도부터 생산자가 책임지고 재활용하는 EPR 같은 시스템도 얼마나 잘 돼 있어요. 그런데 유럽의 자료들은 이미 국내에도 많이 소개가 돼 있어서 굳이 저까지 답사를 갈 이유가 없었어요. 한국에 아직 소개되지 않은, 그렇지만 유의미한 성과를 낸 나라를 취재하고 싶었어요.

그러다 어느 날 BBC 뉴스에서 케냐와 인도의 사례를 알게 됐어요. 케냐는 비닐봉지 규제를 두 번 실패하고 나서 강력한 벌금법안을 만들어 결국 성공을 이뤄낸 나라예요. 제가 케냐를 갔던 2018년은 금지법령이 시행된 지 1년이 지난 시점이었어요. 궁금했어요. 정말로 강력한 규제가 변화를 이뤄냈는지. 이들이 성공했다면 훨씬 나은 시스템을 갖고 있는 우리도 케냐와 인도와 같은 강력한 규제를 도입해볼 만하겠다 싶었죠.

### 케냐에서는 정말로 비닐봉투를 사용하지 않나요?

(금자) 제가 방문했을 때 망원시장처럼 비닐을 딱 뜯어서 주는 일은 없었어요. 특히 케냐에선 다들 부직포 가방을 들고 다녔어요. 한번은 노점상에서 망고를 구입한 뒤에 일부러 담아갈 가방이 없으니까 비닐봉투를 달라고 해봤어요. 그런데 상인이 아예 망고를 안 팔겠다고 하더라고요. 비닐봉투 사용 벌금이 우리 돈으로 400만 원 정도인데 케냐에선 어마무시한 금액이죠. 벌금을 무느니 차라리 망고를 안 팔겠다는 거였어요.

돌아오는 길에 케냐 택시기사가 그러더라고요. 비닐봉투 규제 후 가로수마다 걸려있던 비닐이 사라지고 거리가 깨끗해졌다고. 스스로 해냈다는 자부심이 대단했어요.

그때 저는 시민들의 자부심은 변화를 만들어내는 중요한 요소라는 걸 알게 됐어요. 한국에 돌아가면 우리도 장바구니나 개인 용기를 내미는 일이 까탈스러운 일이 아니라 자연스러운 일이 되도록 문화를 만들어보자고 앞으로의 운동 방향을 잡게 됐죠.

🎤 풀씨 사업을 통해 떠난 케냐와 인도 여행 프로젝트가 금자와 혜몽 두 사람에게도 큰 변화를 가져왔다고요.

(혜몽) 의도하진 않았지만 결과적으로는 그렇게 된 셈이에요. 저는 금자의 쓰레기 여행을 영상으로 기록하면서 금자가 하고 싶었던 활동이 무엇인지 비로소 이해하게 됐어요. 그리고 저에게도 이 프로젝트가 특별했던 게 인도의 환경 이슈를 취재하면서 저의 관심 분야였던 페미니즘과의 연결고리를 찾게 됐어요. 인도의 여성단체에서는 여성들이 주운 폐지를 공정무역 상품으로 만드는 활동을 하고 있는데, 폐기물 순환구조가 자리 잡지 않은 인도나 케냐 같은 곳에선 저임금의 폐지 줍는 여성들 덕분에 순환구조가 만들어지고 있었어요.

그때부터 비로소 진지하게 다큐 영상 방향에 대해 고민하기 시작했어요. 환경과 여성 이야기를 어떻게 연결해서 영상을 만들 수 있을까, 하고요. 그런 고민들이 모여 단편 다큐 「쓰레기

덕후소셜클럽」(2019)과 장편 다큐 『우린 일회용이 아니니까』 (2020)가 만들어졌어요.

🎙 혜몽이 제작한 장편 다큐멘터리 『우린 일회용이 아니니까』는 서울국제여성영화제에서 옥랑상을 수상했어요. 무엇보다 관객들에게 뜨거운 지지를 받았고요. 재밌어서 떠난 여행에서 많은 성과가 있었어요.

(혜몽) 저에게는 모든 게 새로운 경험이었어요. 금자라는 사람, 그리고 숲과나눔과 함께한 첫 여행이 없었다면 다큐는 만들어지지 않았겠죠. 특히 학교에서 환경 교육자료로 사용하신다고 영상을 요청해오세요. 그동안 100여 개 학교에 보내드렸는데 아이들이 우리의 영상을 본다고 생각하면 뿌듯하더라고요.

🎙 그 과정에서 힘든 점은 없었어요?

(혜몽) 사실 금자와 프로젝트를 하면서 힘들 때도 많았어요. 인도와 케냐에 다녀오고 난 후에 다시 풀꽃 사업으로 이탈리아에 있는 제로웨이스트 마을 탐방을 떠날 때는 마음이 살짝 무거웠어요. 케냐, 인도 프로젝트를 할 때만 해도 재밌겠다, 가보자 하는 가벼운 마음이었지만 프로젝트가 계속 진행되다 보니 내가 과연 자원순환에 대한 금자의 철학을 온전히 받아들일 수 있을까, 하는 내적 의문이 계속 따라다녔어요. 내 삶이 바뀌지 않는데 이 일을 계속하는 건 자기기만 같았거든요. 남들은 모르는

저만의 치열한 과정을 거친 끝에 지금은 플라스틱 프리, 쓰레기 제로를 일상의 중심에 두게 되었어요. 내가 이렇게 변할 수 있다니, 스스로도 놀랄 때가 있어요. 하하.

💡 '자몽팀' 프로젝트가 혜몽에게 다큐멘터리 감독으로서의 시발점이었다면, 금자에게는 어떤 터닝포인트가 있었는지 궁금해요.

(금자) 저 같은 경우는 케냐와 인도 여행을 마치고 한국 돌아오는 길에 스톱오버로 들른 태국에서 큰 영감을 얻게 됐어요. 케냐와 인도에서 강행군 일정을 마치고 잠깐 쉬려고 들렀는데 핸드폰만 보면 '방콕 파타야 쓰레기 줍기', '해변 쓰레기', '제로 웨이스트 숍' 같은 자동검색어가 뜨는 거예요.

💡 케냐와 인도를 돌며 하도 검색을 많이 해서요?

(금자) 알고리즘이 문제라니까요, 하하. 결국 쉬려던 일정을 접고 방콕 제로웨이스트 숍 중 하나인 '베터문 앤 리필 스테이션(Better Moon & Refill station)'을 찾아갔어요. 그리고 숍 운영진들을 만나 인터뷰까지 하게 됐고요.

🎙 베터문은 어떤 곳이었어요?

(금자) 동네 전통시장 안에 있는 5층 건물이었는데 아래층은 카페와 숍이 있고, 위층에서는 제로웨이스트 숙소를 운영하고 있었어요. 숍에서는 샴푸와 화장품, 식재료 들을 손님들이 직접 가져온 용기에 리필해주는 식으로 판매하고 있었는데, 당시 한국에는 없는 시스템이었어요. 1년간 제가 망원시장에서 진행해온 장바구니와 개인 용기 사용하기 프로젝트가 더 확장돼 운영되고 있더라고요. 주 고객은 젊은 층으로 밝고 힙한 느낌이 가득했죠.

🎙 이야기를 들어보니 지금의 알맹상점과 판매방식이 굉장히 비슷하네요.

(금자) 맞아요. 알맹상점은 베터문 앤 리필 스테이션을 모델로 삼았어요. 제가 가장 흥미로웠던 건 베터문이 시장 안에서 팝업스토어로 시작했다는 거였어요. 판매량은 세제, 샴푸 등을 담은 말통 다섯 개가 전부였고요. 그런데 의외로 시민들의 호응이 뜨거웠다고 해요. 제가 찾아갔을 때는 이미 리필판매 문화가 방콕에서 새로운 문화로 자리 잡고 있었어요.

말통 다섯 개 놓고 하는 팝업스토어라면 망원시장에서 나도

해볼 수 있겠다 싶더라고요. 그때까지만 해도 우리나라에는 제로웨이스트 숍은 있었지만 리필 스테이션은 없었거든요. 한국으로 돌아와 망원시장 프로젝트를 했던 멤버들과 다시 뭉쳐서 팝업 리필 스테이션을 열었어요. 그 팝업숍이 확장돼 지금의 알맹상점이 된 거예요.

🎤 케냐와 인도 여행에서 각자 소중한 씨앗들을 가지고 돌아왔네요.

(금자) 숲과나눔의 지원을 받아 케냐와 인도에 가지 않았다면 방콕의 베터문도 만나지 못했겠죠. 굳이 큰 목표보다는 처음엔 작은 목표를 세우고 마무리 지어보는 것이 저희에게는 도움이 됐어요. 하고 싶은 게 있으면 목표가 거창하지 않아도 되니까 팀을 만들어 일단 해보는 게 중요한 것 같아요.

🎤 이후로도 '자몽'은 다양한 풀꽃 사업들을 이어갔어요. 그중 풀꽃 사업으로 진행한 pfreeme 플랫폼은 지금도 이어가고 있는 걸로 알아요.

(혜몽) pfreeme는 '플라스틱 프리를 실천하는 나란 사람' 뜻을 담은 플랫폼으로 플라스틱 없이도 살아갈 수 있는 대안과 정

보, 영상들을 공유하고 있어요. 플라스틱 프리부터 제로웨이스트까지 모든 정보가 다 있는 쓰레기 덕후들의 놀이터라고 할 수 있어요.

🎤 pfreeme는 어떻게 만들게 됐어요?

(금자) 제가 꾸준히 업데이트하고 있는 플라스틱 프리 자료들, 그리고 풀씨와 풀꽃 사업으로 다녀온 케냐와 인도 그리고 이탈리아의 제로웨이스트 마을 까판노리 등 좋은 영상자료가 정말 많아요. 그걸 저희만 알고 있는 게 아까웠어요. 마침 많은 분들이 환경에 대한 질문을 제 개인 SNS로 보내오기도 했고, 제로웨이스트 숍 정보를 찾기 힘든 지방에 있는 분들을 위해 자유롭게 아이디어와 정보를 공유하기 위해 만든 것이 pfreeme이에요. 쓰레기 덕후인 제가 순전히 좋아서 하는 일이에요. 이런 덕질이 시작 될 때, 자몽도 움직이는 거죠.

🎤 좋아서 한 덕질이 사회적으로 큰 변화를 만들어내기도 했어요. 알맹상점에서 시작한 환경 캠페인들이 우리의 일상을 바꿔놓기도 했으니까요.

(금자) 대표적인 사례가 브리타 정수기의 폐필터 수거인데, 호

주나 독일에선 폐필터를 재활용하는 프로그램이 있는데도 우리나라에선 이뤄지지 않고 있었어요. 사용하고 나면 그냥 버려야 했던 거죠. 왜 우리는 재활용을 안 하는 것인지, 재활용을 요구하는 1만 5,000명의 시민 서명과 전국 제로웨이스트 숍에서 모아 보내온 폐필터를 브리타 코리아에 보냈어요. 결국은 브리타 코리아에서 다 사용한 필터를 무상수거해서 재활용을 하는 프로그램을 마련하게 됐어요. 아시아에서 최초로 재활용 프로그램이 만들어진 사례예요.

🎙 전국 제로웨이스트 숍들이 본사가 있는 프랜차이즈도 아니고, 대부분 소규모로 운영되고 있는데 어떻게 단체행동이 가능했는지 궁금해요.

(금자) 아무래도 알맹상점이 제로웨이스트 숍 1세대이다 보니 전국의 사장님들이 저희 숍을 모델 삼는 경우가 많아요. 알맹상점을 보고 다녀가면서 제로웨이스트 상점은 병뚜껑도 모으고 환경 캠페인도 하는 거구나, 하고 자연스럽게 받아들이신 것 같아요. 상점수익에 도움이 되는 일도 아니고, 오히려 수고로운 일인데도요.

지금은 전국 120개 상점들이 모이는 온라인 모임이 있고요.

그곳에서 환경정책부터 캠페인 주제와 포스터까지 많은 정보들을 공유해요. 지금은 저희뿐 아니라 다른 상점에서도 캠페인을 진행하기도 하고요. 이런 제로웨이스트 숍의 캠페인 문화는 한국에만 있는 문화예요. 5년 전 케냐에서 보았던 시민들의 자부심이 이제는 우리만의 방식으로 생긴 것 같아서 뿌듯해요.

🖊️ 앞으로 하고 싶은 일들을 많을 것 같아요. 계획하고 있는 일들이 있나요?

(혜몽) 저는 기후 위기에 놓인 농부들 이야기를 하고 싶어요. 아직은 리서치 단계이지만 서서히 이야기를 찾게 될 거예요.

(금자) 그동안은 알맹상점 운영으로 정신이 없었는데 이제 좀 안정이 돼가고 있어요. 그래서 앞으로 pfreeme 운영에 좀 더 힘을 쏟으려고 해요. 예전에 회원들에게 보냈던 뉴스레터를 인스타그램으로 전환도 하고, 환경에 관심이 많은 분들과 함께 쓰레기 덕질을 이어가려고 해요.

풀꽃 활동 소개

## 플라스틱 프리 콘텐츠 플랫폼
## '피프리미(pfree.me)' 개발 및 운영

> 플라스틱 프리(plastic free)에 대한 다양한 생각과 경험, 세계 각국의 정책과 사례, 동영상과 대안을 큐레이션하여 메일링 서비스와 유튜브 채널을 통해 배포하고, 쪼렙부터 만렙까지 플라스틱 프리 실천자들을 위한, 전용 콘텐츠를 볼 수 있는 플랫폼을 제작 및 운영함.

### 풀씨 주요활동(풀씨 1기, 2018년)

- 일회용 플라스틱 사용 규제 정책을 시행하고 있는 케냐, 인도 탐방 및 콘텐츠 제작
- 플라스틱 프리 영상 2편, 원고 제작 및 배포(환경영화제 출품 및 수상)

### 풀꽃 주요활동(풀꽃 2기, 2020년)

- '쓰레기덕후소셜클럽(풀씨 사업 결과물)' 콘텐츠 시리즈 제작 및 배포
- 플라스틱 프리 생활 미디어 플랫폼 구축 및 정기적인 메일링 서비스

- 뉴미디어 중심의 콘텐츠 제작과 배포를 통한 플라스틱 프리 라이프 스타일 확산


- 피프리미(pfree.me) 메일링(격주 발행), 콘텐츠 147개 포스팅
- 유튜브 채널 '금자의 쓰레기덕질 ZeroWaste'(2019년 12월 개설) 조회 수 4만 4,000회 돌파(2023년 3월 27일 기준)
- 동영상 제작 21개, 소분 숍 컨설팅 30회 이상

자몽 홈페이지 pfree.me 인스타그램 @pfree.me

고금숙(금자), 유혜민(혜몽)

조금은
귀찮고
불편한 가게

# 더 피커

송경호 : 더 피커 대표

사람과 물건이 서로를 소모하는 치열한 전쟁터에서 소비의 회복을 통한 화해를 꿈꾸며 제로웨이스트를 외치고 있습니다.
어째서인지 '제로웨이스트 라이프스타일 플랫폼, 더 피커 대표'라는 직함을 달고 이런저런 고민과 업무에 파묻혀 바쁘게 살아가고 있지만, 사실은 하늘에 흘러가는 구름이 시야에서 사라질 때까지 넋놓고 보는게 제일 즐거운 비생산적 게으름뱅이가 천성입니다.
다만 흘러가는 구름도, 내 발걸음에 맞춰 걷는 별도 기후위기 속에서는 더이상 못 볼 것만 같은 불안감에 제로웨이스트 문화에 뛰어들었는데요.
2016년 국내 첫 제로웨이스트 샵 사례 런칭을 시작으로 물건의 분절된 생애주기를 이어붙일 수 있는 일이라면 뭐든지 다하고 있어요.

    2016년, 서울 성수동에 작은 가게가 하나 들어선다. 가게 안, 포장이 되지 않은 물건들을 본 사람들은 고개를 갸웃했다. 으응? 요즘 유행하는 전시회인가…? 한국에 처음 등장한, 포장되지 않은 제품들이 진열된 제로웨이스트 숍은 낯섦 그 자체였다. 새로운 일상을 위한 제안은 그렇게 짧은 이벤트로 끝나는가 싶었다. 하지만 건강한 식재료로 만든 채식요리와 진심을 쏟아 발굴한 제로웨이스트 제품들은 차츰 마을 사람들의 일상 속으로 스며들었다. 조금은 귀찮고 불편한 가게를 자처한 더피커, 이들이 제안하는, 지속가능한 삶의 방식이 궁금하다.

🌱 요즘 제로웨이스트 숍들이 많이 생겨났어요. 어떤 차별점을 두고 더피커를 운영하고 있는지 궁금해요.

제로웨이스트숍 하면 쓰레기가 없는 곳, 아니면 폐기물 줄이는 게 목표일 거라는 생각들을 하세요. 저희는 지향점이 조금 다른데, '건강한 소비가 만드는 건강한 지구'라는 캐치프레이즈를 갖고 있고요. 소비문화를 회복시키는 것에 방점을 두고 더피커를 운영 중이에요.

🌱 2016년이었죠. 국내에서 가장 먼저 제로웨이스트 숍을 시작했어요. 어떻게 시작이 된 건가요?

대학에서 경영과 철학을 전공했어요. 자본주의와 마케팅을 공부해놓고 어찌 보면 그것과 반대 방향에 있는 제로웨이스트 숍을 내기까지 고민이 많았어요. 더는 대량 생산과 소비가 우리 삶에 대안이 될 수 없고, 기업의 환경 마케팅의 한계 또한 잘 알고 있었기 때문에 선뜻 기업에 들어가 일을 할 마음이 나지 않았어요. 그렇다고 제 삶을 걸고 환경운동가로 나설 용기도 없었고요. 그러다가 환경운동가는 되지 못해도 내가 할 수 있는 작은 일부터 해보자, 해서 포장 없는 상품을 판매하는 제로웨이스트 테스트 매장을 3개월 동안 운영하게 됐어요.

🎙 처음부터 제로웨이스트 숍을 본격적으로 시작한 건 아니었네요.

시작은 가벼웠어요. 지금처럼 오랫동안 이 일을 하게 될지도 몰랐고요. 평소에 내 돈 주고 산 제품의 포장을 벗기고 또다시 분류해서 버리는 과정이 불편하다고 느꼈거든요. 그래서 무포장 가게를 하면 좋겠다는 아이디어를 떠올렸죠. 소비과정에서 오는 불편함을 액션으로 보여주자 그러면 다른 분들이 바통을 받아서 제로웨이스트 숍을 확산시키지 않을까, 하는 막연한 기대를 가졌지요.

🌱 그래서 제로웨이스트 문화는 확산되었나요?

전혀요. 하하. 당시만 해도 제로웨이스트라는 용어 자체가 생소했어요. 포장 없는 상품 자체가 낯설었기 때문에 숍에 온 분들이 신기하다는 듯 구경을 하거나, 전시회를 하는 거냐고 묻는 분들도 많았어요. 이대로는 안 되겠다 싶더라고요. 어떻게 하면 시민들에게 더 가깝게 다가갈 수 있을까 그때부터 비로소 본격적인 고민이 시작됐어요.

이후에 채식 레스토랑을 열고 매장에서 무포장 식재료와 상품 들을 판매했어요. 식사를 한 손님들을 중심으로 그제야 제로웨이스트에 대한 이해가 조금씩 생겨났어요. 나중엔 동네 분들이 직접 냄비를 가져와 음식을 담아갈 만큼 성수동에 무포장 문화가 자리를 잡기 시작했고요. 레스토랑을 운영하느라 몸은 좀 힘들었지만 성수동 동네 분들과 살갑게 지내던 시절이어서 지금도 그때가 그리울 때가 있어요.

🌱 지금의 성수동과는 많이 달랐나요?

2016년, 17년 때만 해도 성수동엔 공장과 마을문화가 남아 있었어요. 문방구, 수선집, 공장 분들이 다 같이 모여서 막걸리 마시는 건 흔한 풍경이었고요. 동네 분들끼리 끈끈한 연대가 있어서 젊은 애들이 들어와 전에 없던 채식 레스토랑을 한다고 했을 때 선입견 없이 받아들여 주셨어요. 그렇게 성수동의 일원이 된 것은 소중한 경험이에요. 더피커가 지금도 성수동을 떠나지 못하는 이유이기도 하고요.

성수동의 대표적인 제로웨이스트 숍인 만큼 입점을 원하는 업체도 많을 것 같은데 어때요?

환경이슈가 중요해지면서 몇 년 사이에 저희에게 입점을 요청해오는 업체들이 10배 가량 늘었어요. 다만 고체비누나 재생플라스틱 같은 특정 제품들이 대부분이어서 종류가 다양하지 않은 게 좀 아쉽죠. 입점 문의가 많다고 해서 입점시킬 수 있는 제품을 찾는 일이 쉬운 건 아니에요.

제품 생산단계에서 탄소 발생량과 물 사용량은 어땠는지, 환경유해 요소는 정말 없는지, 벌크포장재를 회수해갈 수 있는지 등을 점검하고 기준에 따른 점수를 매겨요. 그 조건들이 충족이 되고 나면 업체에 오더메이드가 가능한지 여쭤봅니다. 저희는 물건이 과생산되는 것을 막기 위해 필요한 수량만큼만 주문하고, 오더 이후에 만든 물건을 공급받아요. 업체 입장에선 사실 번거로운 일이죠.

🎙 기준들을 충족하는 업체를 찾는 일이 쉽지만은 않겠는데요.

저희가 정한 체크리스트 항목을 모두 충족하는 건 현실적으로 어려운 일이에요. 그래서 어떤 부분은 좀 미흡해도 다른 강점을 갖고 있다면 입점이 가능할 수 있도록 가점제를 만들었어요. 예를 들어 용기에 든 화장품은 포장점수가 0점이지만 업체에서 용기를 수거한 뒤 재사용, 재활용한다면 재활용점수는 높아지기 때문에 입점 상품으로 선택하기도 해요.

생산, 유통, 판매를 거쳐 사용된 후 폐기된 물건이 다시 제품으로 재활용되는 사이클을 갖고 있는지가 상품을 선택하는 가장 중요한 기준이거든요.

🎙 요즘은 생산주체들도 제로웨이스트에 대한 마인드를 이전보다는 많이 갖고 있을 것 같은데, 어때요?

일을 처음 시작했을 때와는 그래도 많이 달라졌어요. 처음에는 입점 업체를 찾는 일이 정말 쉽지 않았거든요. 국내에 따라 할 만한 선례도 없고, 매뉴얼도 만들어지기 전이어서 무조건 업체에 전화부터 돌리고 찾아다니면서 몸으로 부딪혔어요. 해보니까 보통 업체가 클수록 실무자를 만나는 일부터가 어렵더라고요. 어쩌다 전화 연결이 되더라도 포장을 빼고 납품해줄 수 있느냐, 제품 만드는 걸 직접 보러 가도 되느냐 등등 난데없는 질문들을 저희가 하니까 문전박대도 많이 당했고요.

시행착오 끝에 수백억을 투자해서 생산설비를 갖춘 기업들이 생산라인을 바꾸길 기다리는 것보다는 변화에 유연하게 대응할 수 있는 작은 생산자들과 협업하는 것이 더 좋다는 걸 알게 됐어요. 다행히 건강한 생산자분들을 많이 만날 수 있었고, 지금도 인연을 이어오고 있어요.

또 요즘은 적극적으로 생산라인과 시스템을 바꾸는 대기업도 생겨나고 있고요. 초창기를 생각하면 정말 큰 변화예요.

### 그동안의 과정이 녹록치 않았네요.

더피커 초창기 때부터 지금까지 인연을 이어오고 있는 사장님들이 있어요. 소프업이나 밀랍랩, 천연수세미를 만드는 소규모 업체분들인데 힘들 때마다 큰 힘이 됐어요. 초심을 잃지 않고 힘들어도 운영을 지속해주신 덕분에 저희도 멈추지 않고 나아갈 수 있었거든요. 규모는 작아도 제로웨이스트라는 목표를 가지고 모이면 변화를 만들 수 있다는 것을 함께 배우고 익힌 셈이에요.

### 숲과나눔 풀씨 사업은 어떻게 만나게 됐어요?

그동안 지원사업에는 크게 관심을 두지 않았는데 우연히 지인분에게 풀씨 사업을 소개받았어요. 사업 이름부터 호감이 가더라고요. 풀씨, 풀꽃, 열매로 이어지는 사업명이 생태계의 순환을 담고 있잖아요. 운영방식도 그와 비슷하겠다 했는데 참여해보니까 역시 그랬어요. 자연 속에서 씨앗이 제 생긴 대로 발아하듯, 자유로운 환경 속에서 프로젝트를 진행할 수 있었어요. 풀씨 사업하면서 제로웨이스트를 위한 입문 교육자료를 만들었는데, 많은 분들이 자료요청을 해오셨고요. 지금은 학교 교육자료로도 쓰이고 있어요.

🎙 숲과나눔이 도움이 됐다니 반갑네요.

수치나 자료로 증명하기 위한 프로젝트가 아니라 시도와 경험을 위한 프로젝트였기 때문에 실패에 대한 두려움 없이 일을 할 수 있었어요. 사업자들은 실패에 대한 두려움이 클 수밖에 없거든요. 정말 신선한 경험이었어요. 숲과나눔과 프로젝트를 하고 나서 도전은 이렇게 하는 거구나, 경험치가 생겨서 후속 프로젝트로 '소비회복'에 중점을 둔 후속 워크북도 만들 수 있었어요. 저희도 모르게 역량이 생겨난 거죠.

🎙 그래서일까요? 새로운 시도들을 많이 하는 것 같아요. 지난여름, 매장에서 전통 장인을 주제로 전시를 열었어요.

다양한 환경문제를 해결하기 위해서는 다양한 출구가 있어야 된다고 생각해요. 그래서 생활기술과 맞닿아 있는 전통 장인 분들을 주목하게 됐어요. 전통 장인들이 만드는 것들은 쓰레기 문제가 심각하지 않았던 과거에 우리 생활을 가능하게 했던 통찰이 담긴 제품들이에요. 그 안에 환경적인 가치도 고스란히 담겨 있고요. 저만 해도 한 부채 장인의 부채를 4년 동안 에어컨 대신 잘 쓰고 있어요. 그렇듯 생활기술이 집약된 전통공예품들이 과거뿐 아니라 현재와 미래에도 대안이 될 수 있다고 생각해요. 장인분들이 만든 전통 부채와 조각보 등 실용적이면서도 멋스러운 제품들을 전시했는데 기대보다 많은 분들이 좋아해주셨어요.

🎤 제로웨이스트의 영역이 점점 확장되고 있네요.

가치 있는 또 지속가능한 삶을 위한 소비는 뭘까 고민하다 보니 새로운 지점들을 만나게 되더라고요. 단순히 '착한 물건'들을 산다고 해서 제로웨이스트 삶을 살게 되는 건 아니니까요.

저는 어릴 때 전구를 갈고 전기선을 잇는 일같이 생활에 필요한 기술을 아버지에게 배웠어요. 지금도 웬만한 일은 사람을 부르지 않고 수리하고 고쳐가며 사용하고요. 하지만 생활기술이 없으면 이런 일도 쉽지가 않잖아요. 포장재가 많이 나오는 밀키트만 해도 요리가 서투르면 어쩔 수 없이 이용하게 되고요.

웬만한 건 고치고, 만들어 쓰는 생활력을 키워야 물건도 덜 사게 되고, 쓰레기도 줄일 수 있겠다 싶어서 전통 빗자루를 만들거나, 채식요리를 해보는 워크숍을 진행했어요. 스스로 물건을 만들어보는 DIY 키트를 기획해 판매하기도 하고요. 소비의 대상이었던 물건을 소중히 오래 써야 하는 대상으로 인식의 틀을 바꿔보려고 해요.

🖊 이야기를 듣다 보니 송경호 님이 제일 오래 쓴 물건이 뭘까 궁금해지는데요.

오래된 냄비가 있는데 어머니도 할머니께 물려받으셨어요. 어릴 때부터 그 냄비가 좋았어요. 라면도 곧잘 끓여 먹고, 친구들이 집에 놀러 오면 꼭 그 냄비에 음식을 만들어줬어요. 저한텐 애착냄비 같은 것이어서 결혼할 때 물려받아 지금까지 잘 쓰고 있어요. 3대에 걸쳐 쓰는데도 여전히 쓸 만해요. ^^

🎙 제로웨이스트를 실천하고 싶어 하는 분들이 늘고 있어요. 어떻게 시작하는 게 좋을까요?

평소에 어떤 소비를 하고 있는지 일기나 가계부를 며칠이라도 써보시길 권해요. 저희가 진행하는 워크숍 중에 소비체크를 통해 자신을 알아가는 프로그램이 있어요. 평소에 어디에 소비를 했는지 목록을 적다 보면 스트레스받았을 때는 이런 소비를 하는구나, 들떴을 때는 이런 소비를 하는구나, 객관적으로 보게 되죠. 그럼 요즘 왜 바쁜지, 게으른지, 화가 나는지, 우울한지 마음까지 점검하게 되더라고요. 이렇게 자기 자신에 대한 이해가 있어야 불필요한 소비패턴도 수정을 할 수 있어요.

🎙 저도 한번 해봐야겠는데요. 제로웨이스트는 단순히 물건을 줄이는 일이 아니라 스스로를 점검하고 성찰하는 일과도 연결돼 있는 것 같아요. 경호 님은 이 일을 해오면서 어떤 것이 많이 달라졌나요.

사고방식이 많이 바뀐 것 같아요. 제가 하는 일은 냉정하게 보면 상품을 팔고 이윤을 남기는 사업이에요. 하지만 가치와 철학은 생태주의를 추구하고 있고요. 한쪽 발은 자본주의에, 한쪽 발은 생태주의에 걸치고 있는 셈이죠. 그렇다 보니 어느 한쪽에 치우치지 않으려고 노력을 평소에 많이 하는 편이에요.

예전에는 좋고 싫은 것, 옳고 그른 것에 대한 판단이 분명한 편이었거든요. 그런데 지금은 서로 입장이 다르니 의견이 다를 수밖에 없다는 걸 이해하게 됐어요. 초장기엔 환경을 위해 왜 기업들은 바뀌지 않을까 화가 나기도 했는데 그들 입장에서 생각해보면 이해가 되는 부분들이 생기더라고요. 미움보다는 공감이 저를 더 나아갈 수 있게 한다는 걸 알게 된 게 큰 변화예요.

🎙 균형을 잃지 않으려는 노력이 공감으로 이어진 것이 의미 깊게 다가오네요. 국내 1호 제로웨이스트 숍 운영자로서 고민하고 있는 것들이 있다면 나눠주세요.

포장이 없고 재활용이 가능한 제품을 찾는 소비자가 급격히 늘어나는 것에 비해서 생산 기업들의 전환은 아직 미미한 수준이에요. 그래서 제로웨이스트 숍들이 판매하는 제품들이 비슷비슷할 수밖에 없어요. 작은 파이를 여럿이 나누는 지금의 방식으로는 지속적인 운영을 하기 어렵다고 생각해요. 쉽지 않겠지만 결국 본인만의 새로운 가치들을 적극적으로 찾고 만들어야 하는 거죠.

그리고 운영자로서 친환경 혹은 사회적 가치의 제품이라는 가면을 쓰고 착한 소비라는 면죄부로 소비를 부추기는, 의미 잃은 편집샵이 되지 않으려 경계하고 있습니다. 어떻게 성장할 것인가 보다, 어떻게 깊어질 것인가를 계속 고민 중입니다.

풀꽃 활동 소개

## 제로웨이스트를 위한
## 실제 소비 기반 확산모델 구축

더 피커가 보유하고 있는 제로웨이스트 플랫폼을 확산모델로 정비함과 동시에, 소비자가 제로웨이스트 구매행동까지 이르기 위해 겪는 어려움을 최소화하기 위해 IT 기반 선주문 시스템과 클래스 콘텐츠를 추가 마련함으로써 확산모델을 외부 단체에 적용하기 위한 활동을 진행함.

### 풀씨 주요활동(풀씨 2기, 2019년)
- 시민 대상 제로웨이스트 클래스 진행(2회)
- 제로웨이스트 관련 가이드북 제작 및 배포

### 풀꽃 주요활동(풀꽃 2기, 2020년)
- 쓰레기 없는 매장의 운영체계 및 제품선정 기준 체계화 실험적 운영
- 제로웨이스트 숍 운영, 공유 용기를 활용한 선주문 시스템 적용

- 건강한 소비문화 회복을 위한 자급자족 클래스 운영
- 정부, 기업 간 네트워크 구축 및 성과 공유


- 사업기간 동안 2,964kg의 폐기물 감소(소비액 대비 폐기물 감소량)
- 협업기관 총 8개(정부 1개 부처, 대기업 7개)
- 매장 오픈 행사, 자급자족 클래스 등 5회 진행

더피커 홈페이지 thepicker.net

인스타그램 @thepicker

송경호, 홍지선

종이팩과
함께하는
특별한
동네 산책

# 카페라떼클럽

김지현 : 카페라떼클럽 운영자

활동과 기획 사이를 오가는 공공활동기획자. 지역에서 살아가며 마주친 많은 것들에 대한 질문과 고민이 많다. 질문을 던지고, 변화를 상상하며, 상상을 작은 단위로 엮어가며 실험해보는 걸 즐긴다.
종이팩의 재활용을 고민하는 '카페라떼클럽', 제로웨이스트 팝업스토어 '한걸음 가게' 등을 기획하고, 지역에서 쓰레기와 배움을 엮은 환경교육을 진행한다. 요즘은 수리, 수선, 공유와 같은 다양한 재사용 방식을 통해 물건의 쓰임과 순환을 고민하는 순환 실험실 '한걸음 가게'를 준비하고 있다.

비우고 난 우유팩을 깨끗이 씻어 햇빛에 말린다. 빳빳해진 팩을 종이상자에 차곡차곡 넣어 분리배출하고 나니 기분이 상쾌해진다. 족히 수백 번을 반복해온 이 정성스러운 행위는 안타깝게도 세상에 아무런 도움이 되지 않는다. 종이팩은 종이로 분류되지 않기 때문이다. 무슨 소리냐고? 분리배출의 세계에서 '종이팩류'는 독립적으로 존재한다. 때문에 종이팩만 따로 모아 배출해야 재활용될 가능성이 커진다. 그동안 잘 모르고 해온 종이팩 자원순환을 전국적인 캠페인으로 확산시킨 이들이 있다. 광주의 '카페라떼클럽'이다. 친근한 동네 카페들과 손잡고 펼치는 카페라떼클럽의 종이팩 독립운동 이야기를 들어보자.


🎙 **카페라떼클럽은 어떻게 시작되었나요?**

우연히 지인의 SNS에서 종이팩을 모아 행정복지센터에 가져가서 화장지로 교환했다는 인증사진을 보게 됐어요. 궁금했어요. 왜 종이팩을 분리배출할까? 구청은 왜 그걸 화장지로 교환해주는 거고? 찾아보니 종이팩은 종이류가 아니기 때문에 분리배출을 해야 하고, 별도로 모아가면 화장지로 교환해주는 사업이 있다는 걸 알게 됐어요. 좀 충격이었어요. 평소에 재활용이나 재사용에 관심이 있었는데 왜 이걸 몰랐을까 싶었죠.

때마침 '작은 아이디어가 세상을 바꾼다'는 풀씨 사업 홍보문구가 딱 들어왔어요. 이곳이라면 작은 아이디어로도 뭔가를 할 수 있을 것 같았어요. 전구에 반짝 빛이 들어오듯 종이팩이 떠올랐어요.

🎙 **당시 떠올린 아이디어가 궁금하네요.**

'우유팩이 많이 나오는 카페에서는 종이팩을 잘 헹궈 펼쳐 말려놓고, 이렇게 가게에 모인 종이팩을 마을 주민들이 정기적으

로 방문해 수거하고, 거점 공간(종이팩 정거장)에 모아두었다가 일정량이 쌓이면 동 행정복지센터에 가져가 화장지로 교환하고, 교환한 화장지를 마을 내 필요한 곳에 전달한다.' 이렇게 실험구조를 상상해봤어요. 버려질 뻔한 종이팩을 구출해 화장지가 되도록 재활용 트랙에 넣는 것뿐 아니라, 교환한 화장지는 필요한 곳에 전달하는 선순환 구조가 가능한지 확인해보고 싶었거든요.

🌱　풀씨 사업과 함께 시작된 작은 아이디어가 어떻게 발아했을지 궁금해요.

　가장 먼저 마을에서 청년 플랫폼을 운영하고 있던 활동가 친구 세모(이세형)와 함께 종이팩이 많이 나오는 동네 카페들을 찾아가 카페 사장님들을 설득했어요. 가게에서 나오는 종이팩들을 씻고 말려놓으면 우리가 수거해서 화장지로 바꿔 지역아동센터 같은 필요한 곳에 나눠줄 테니 종이팩 자원순환에 참여해보지 않겠냐고 하면서요. 동네 카페 사장님들이 함께하는 마을운동 모델을 만들어보고 싶었거든요. 세모는 송정동에서, 저는 카페가 많은 양림동에서 21개 카페 사장님들과 함께 종이팩 자원순환 프로젝트를 진행했어요.

🎙 풀씨 사업으로 진행한 작은 프로젝트가 이후 광주 곳곳에 퍼졌잖아요. 어떻게 이런 일이 가능했던 거죠?

SNS에 올린 종이팩 순환 팸플릿을 본 분들이 우리 동네에도 와서 종이팩을 수거해주면 안 되냐며 요청들을 해왔어요. 하지만 저와 세모 둘이 광주의 그 많은 동네를 다니며 수거하기엔 무리라고 판단했어요. 대신 마을마다 일을 진행할 사람들을 모아 마을 단위의 프로젝트를 해보면 어떨까 싶더라고요. 그렇게 저는 총괄 매니징을 맡고 종이팩 수거를 해보겠다고 나선 청년 활동가 그룹, 청소년 배움터의 청소년팀, 마을 분들로 이뤄진 팀 등 6팀이 꾸려졌어요. 그렇게 6개 마을로 종이팩 순환활동이 확산됐어요.

🎙 가게를 돌며 종이팩을 수거하는 일이 어찌 보면 좀 귀찮을 수도 있는데, 광주 분들이 자원순환에 관심이 많은 편인가요?

처음에 가게 사장님들을 일일이 찾아가 프로젝트를 설명하고 동의를 얻는 일이 쉬운 일은 아니에요. 하지만 일주일에 한 번, 한 시간을 투자해 꾸준히 하다 보면 수거활동가들과 가게 사장님들도 습관이 붙게 돼요. 그러다 보면 이 좋은 경험을 계속 이어가고 싶다는 마음이 자연스럽게 올라오게 되더라고요. 저도 그랬고요. 다행히 프로젝트를 함께하겠다고 지원한 팀 분들이 열정적으로 참여했어요.

### 🎤 특별히 기억에 남는 수거활동가 팀이 있나요?

한 청소년단체에서 발달장애 청소년들과 함께 종이팩 수거를 했어요. 그런데 활동사진을 보니까 씻지도 않은 종이팩을 카페에서 그냥 받아오는 거예요. 저는 "카페도 자원순환 활동의 한 주체이다, 그러니 깨끗하게 씻고 말려서 배출하는 카페들과 협업해야 한다."고 늘 강조했거든요. 그런데 알고 보니 발달장애 청소년들에게 종이팩을 가위로 자르는 일은 소근육을 발달시키는 운동이었어요. 정리한 종이팩의 숫자를 세면서 게임을 하기도 하고요. 이분들은 종이팩 수거와 정리를 교육으로 확장시켰던 거예요.

또 한 팀은 청소년으로 이뤄진 팀이었는데 리더 청소년이 또래 청소년들에게 종이팩 분리배출 교육을 해요. 그리고 매주 참여자를 바꿔가며 수거하는 프로그램까지 만들었더라고요. 덕분에 광주의 많은 학생들이 이 프로젝트를 경험할 수 있었어요. 만약 제가 나서서 일일이 관리를 했다면 못 봤을 모습들이잖아요. 뿌듯하기도 하고 좀 더 유연하게 프로젝트 모델을 만들 필요가 있다는 걸 알게 되는 계기가 됐어요.

🎙 참여하신 분들이 프로젝트에 얼마나 진심이었는지 느껴지네요. 하지만 중간에 어긋난 팀도 있었다고 들었어요.

지금 돌이켜보면 참 좋은 경험이 된 케이스인데요, 프로젝트를 시작할 때 꼭 하고 싶다고 지원했던 마을이 있었어요. 그런데 처음 보여줬던 의욕과 달리 카페 섭외도 안 되고 다른 진행들도 이뤄지지 않는 거예요. 알고 보니 우리 프로젝트와 거의 비슷한 기획으로 제법 예산이 큰 공모사업에 지원해 선정됐더라고요. 처음엔 어떻게 그럴 수 있나… 충격이 컸죠. 무엇보다 프로젝트가 아직 진행 중이라 자원순환 활동모델로서의 검증이 끝나지 않은 상태였기 때문에 무작정 실행부터 해버린 그분들에게도 좋은 일이 아니었어요.

제가 속상해할 때 숲과나눔에서 차라리 이번 일을 기회 삼아 홍보를 적극적으로 해보는 게 어떻겠냐는 조언을 해주셨어요. 덕분에 제 생각도 바뀌었고요. 더 열심히 이 모델을 알려보자 해서 프로젝트의 핵심 메시지를 담은 홍보영상을 만들게 됐어요.

🎙 카페라떼클럽의 프로젝트가 엄청나게 매력적이었나 봐요. ^^

하하. 누구나 쉽게 따라 할 수 있도록 종이팩 수거 활동의 단계를 소개하는 영상을 만들면서 제 마음에도 변화가 생겼어요. 처음에는 고생해서 만든 프로젝트를 외부에 공유하기가 좀 꺼려졌거든요. 그런데 적극적으로 사례를 공유하면서 종이팩 자원순환이 광주뿐 아니라 전국으로 확산되는 거예요. 저희 영상을 본 일산의 어느 마을에서 종이팩 자원순환 활동한 것을 SNS에 올리면, 포항의 마을 분들이 보고 이어가는 식으로요. 그래서 '종이팩은 종이가 아니다.'라는 직관적인 문구가 적힌 캠페인 포스터를 무료로 다운받을 수 있도록 SNS에 공유하기도 했어요. 지금은 서울의 한 카페, 제주의 게스트하우스, 경기도의 도서관 등 전국 곳곳에서 붙어 있어요. 공유의 힘이 얼마나 센지 알게 됐죠.

🎙 이야기를 들으면서 문득 우리 동네 행정복지센터에 종이팩을 가져가면 화장지로 바꿔주는 걸까 궁금해지는데요.

지역마다 종이팩 수거와 교환사업 진행 여부가 다 달라요. 해당 자치구에서 종이팩 교환사업을 실시한다고 해도, 우리 동에서 종이팩을 화장지로 바꿀 수 있다고 장담할 수는 없어요.

저희도 궁금해서 광주에 있는 모든 동 행정복지센터 97군데를 마치 암행어사처럼 찾아가 모니터링을 했어요. 광주는 5개 자치구 모두 종이팩 교환사업을 실시한다고 안내하고 있거든요. 종이팩 1kg을 모아 동 행정복지센터로 갔더니 종이팩 교환 기준, 교환물품 정산 방식 등이 자치구에 따라 달랐어요. 자치구마다 투입되는 비용과 행정을 집행하는 방식이 저마다 다르기 때문이에요.

가장 실망스러웠던 건 종이팩을 모아간 시민을 휴지 하나 받으러 온 사람 취급하는 공무원들의 태도였어요. 담당자분들의 작은 태도 하나에 시민들의 의지가 꺾이기도 하거든요. 저희는 97개 행정복지센터 종이팩 교환사업 모니터링 데이터를 정리해, 구청의 담당하시는 분들을 모아 종이팩 교환사업 및 시민 응대에 대한 매뉴얼을 만들고 대책을 마련해줄 것을 요청하는 간담회를 열기도 했어요.

앞으로 수거해간 종이팩이 제대로 재활용될 수 있도록 담당 부서와 시민들과의 만남을 계속 이어가려고 해요.

🌿 행정처의 변화까지 이끌어내려는 노력에서 내공이 느껴지네요. 이전에도 시민활동을 해본 경험이 있나요?

광주의 한 시민단체에서 10년 가까이 일을 하다가 지금은 단체에 속해 있지는 않고요, '공공활동기획자'라는 이름으로 단체나 학교와 파트너십으로 광주에서 할 수 있는 다양한 기획을 하며 활동하고 있어요. 숲과나눔을 만났을 즘, 대안학교 청소년들에게 시민교육과 환경교육을 가르치고 있었기 때문에 자연스럽게 종이팩 프로젝트를 시작할 수 있었고요.

🍃 이전에는 어떤 기획과 활동을 했는지 궁금해요.

저는 광주에서 나고 자랐어요. 광주에선 5월이 되면 5·18민주화운동을 기념하는 많은 프로젝트들이 진행되는데, 이상하게도 이 도시에서 1980년의 5월이 잘 보이지 않는다는 생각을 했어요. 장소가 가진 역사성이나 시간을 어떻게 드러낼 수 있을까 고민하다 1980년 5월을 함께 지켜본 존재들이 생각났어요. 옛 전남도청 앞 회화나무, 사라졌다 되돌아온 도청 현판, 총탄 흔적이 남아 있는 빌딩 등. 오월의 증인이자 '시간의 목격자'를 호명하는 작업을 기획했어요.

지역 작가와 함께 그들의 이야기를 담은 그림엽서를 만들고, 5월 한 달간 시민들이 쓴 엽서를 모아서 대신 발송하는 작업을 했죠. 다정한 안부와 함께 오월의 광주 이야기가 세상 곳곳으로 퍼져나갈 수 있기를 바라면서요. 지금까지 만 장이 넘는 엽서가 광주에서 어딘가로 보내졌어요. 이제는 광주가 다른 지역은 괜찮은지, 다른 이들은 괜찮은지 안부를 묻는 도시가 됐으면 좋겠어요.

🎙 기획은 혼자 하지만 많은 이들이 참여할 수 있는 작업을 해왔네요. 혼자서 기획하고 활동까지 하려면 힘들진 않나요?

실험을 상상하고 기획할 때 즐거움을 얻는 편이에요. 막상 일할 때는 "아이고~" 소리가 절로 나오지만요. 가끔 내가 잘 가고 있는 것인지 체크해줄 동료들이 없어서 아쉬움을 느낄 때가 있어요. 그런데 숲과나눔과 일하면서는 의논할 담당자분들이 계시고, 무엇보다 소속감을 느낄 수 있어서 참 좋았어요.

🎙 오월안부 엽서가 세상으로 퍼져나간 것처럼 종이팩 자원순환 프로젝트도 전국적인 캠페인이 되고 있어요. 참여하고 싶은 분들을 위해 꿀팁이 있다면 알려주세요.

아무리 뜻이 좋은 일이어도 어렵고 힘들면 중간에 포기하게 돼요. 종이팩 수거도 일주일에 한 번, 한 시간 장 본다 생각하고 가볍게 시작하는 게 좋죠. 이동거리도 도보나 자전거로 갈 수

있을 만큼 가깝고 수거하는 가게도 10곳을 넘지 않도록 하는 게 부담이 적어서 지속적으로 할 수 있어요.

간혹 참여하기 꺼리는 가게 사장님을 설득하다가 상처를 입는 경우가 있는데, 설득에 힘을 쏟기보다는 흔쾌히 응해주는 분들과 함께 서로 힘을 주고받으며 진행하는 것도 중요하고요. 그렇게 일주일에 한 번 산책하듯 동네 카페 사장님과 안부를 묻고 커피 한 잔을 나누다 보면 일상이 뿌듯하고 즐거워지실 거예요.

🎙 마지막으로 숲과나눔과 만난 후 어떤 변화가 있었을까요.

숲과나눔과 함께 작업하면서 하나의 아이디어를 집중해 프로젝트를 키워 나간 과정이 저에게 큰 도움이 됐어요. 숲과나눔을 만나지 않았다면 아마도 진로가 달라지지 않았을까 하는 생각이 들기도 해요. 환경 프로젝트를 진하게 만나고, 자원순환 활동가라고 말할 수 있게 된 건 카페라떼클럽을 했기 때문이라고 꼭 말씀드리고 싶어요.

풀꽃 활동 소개

# 마을과 함께하는 종이팩 분리배출 실험 및 인식개선 캠페인 진행

풀씨 사업을 통해 지역 가게(종이팩 배출) – 주민(수거) – 동 행정복지센터(화장지 교환) – 지역 필요처(화장지 기부, 환경교육)의 선순환적 분리배출 – 자원순환 모델이 가능함을 확인하여, 마을의 카페/베이커리 및 마을공동체가 함께 종이팩 분리배출 실험을 진행하고 이를 통해 지역 내 종이팩 분리배출률을 높이고 자원순환에 대한 인식을 제고함.

### 풀씨 주요활동(풀씨 3기, 2019년)

- 광주 지역 카페 대상 종이팩 분리배출 안내 및 참여 카페/베이커리 모집
- 분리배출된 우유팩을 동 행정복지센터에서 화장지로 교환받아 기부하는 선순환 활동 진행

> 풀꽃 주요활동(풀꽃 3기, 2020년)

- 종이팩 분리배출 인식 제고
- 마을과 함께하는 종이팩 분리배출 실험 모델 가능성 검증
- 실험으로 검증된 종이팩 분리배출의 새로운 모델 제시
- 종이팩 분리배출 인식 제고 및 정책 제안(광주광역시)


- 종이팩 분리배출 모델 적용(광주 내 15개 마을, 100개 가게 참여)
- 종이팩 재활용/분리배출 관련 교육/컨설팅 진행: 총 30회 이상
- 종이팩 재활용 활동 참여(캠페인, 교환 활동 등): 약 1,000명 이상
- 종이팩 약 2만 7,000개 수거(약 700kg): 재생화장지 420kg 제조 가능

---

[ 2021 종이팩 수명연장 프로젝트 ]

종이팩 수명연장을 위해 광주 종이팩 배출함 조사 및 커뮤니티 맵핑, 종이팩 재활용 현황 및 관련 제도 등을 모은 정보공유 플랫폼(종이팩의 모든 것)을 구축하여 지역민에게 맞춤형 종이팩 분리배출 방법을 제안하고, 나아가 광주광역시와 자치구에 종이팩 교환사업에 대한 정책을 제안함과 동시에 카페라떼클럽 종이팩 회수 모델 전국 네트워크를 구축함.

### 풀꽃 주요활동(풀꽃 5기, 2021년)

- 광주 종이팩 전용수거함 조사 및 커뮤니티 맵핑
- 광주 종이팩 재활용 현황 및 관련 실태조사
- 동 행정복지센터 종이팩 교환사업 모니터링 전수 조사
- 종이팩 재활용/분리배출 교육, 컨설팅 진행

### 초록열매 주요활동(초록열매1기, 2022년)

- 종이팩 자원순환 실천사례집 제작 『종이팩을 구하는 N개의 방법』
- 종이팩 재활용/자원순환 토론회 개최 (2022.10)

카페라떼클럽 www.cafelatteclub.com

인스타그램 @cafe_latte_club 페이스북 cafelatteclub

김지현(왕꽃), 이세형(세모)

브랜딩
디자이너에서
제로웨이스트 일상
디자이너로

# 보틀클럽

정다운 : 보틀팩토리 대표

일상 문제 해결에 관심 많은 디자이너
'일회용품 없는 카페가 가능할까' 라는 질문을 시작으로 다회용 컵 대여 서비스와 포장 없는 장터, 제로웨이스트 페스티벌, 컨설팅 등 다양한 방식으로 지속가능한 일상을 제안하고 있다.

 정다운 대표를 만나러 간 아침, 보틀팩토리의 실험실에선 설레는 일이 일어났다. 커피콩 껍질 속에 포자를 넣어 버섯을 키우길 몇 주째, 감감무소식이던 버섯이 드디어 얼굴을 내민 것이다. 아무리 기다려도 나오질 않아 포기하려던 참이었다고, 손톱만 한 버섯을 보며 정대표는 활짝 웃었다. 앞으로 보틀팩토리에선 커피콩 껍질이 쓰레기가 아니라 버섯을 키우는 자원으로 활용될 것이다.

 안정적인 직장을 나와 한적한 동네 모퉁이에서 제로웨이스트 카페와 장터 등을 열어 마을 사람들에게 새로운 삶의 방식을 제안하고 있는 정다운 대표를 만났다.

🎙 '보틀팩토리' 하면 연희동 골목에 있는 카페 '보틀라운지'를 떠올리는 분들이 많아요. 보틀팩토리에서 카페를 운영하는 건가요?

보틀팩토리는 보틀라운지 카페를 중심으로 제로웨이스트 일상을 지속하기 위한 것들을 고민하고 솔루션을 제공하는 회사예요. 카페만 운영하는 건 아니고요, 한 달에 한 번 포장용기 없는 동네 장터 '채우장'과 물물교환 장터인 '바꾸장'을 열기도 했어요. 연희동 주변 상점들과 함께 일회용 포장지나 컵을 사용하지 않는 '유어보틀위크'를 진행하기도 하고요.

카페는 제로웨이스트를 위한 질문을 던지고 가능성을 테스트해보는 일종의 쇼룸 역할을 하고 있어요. 처음엔 일회용 컵을 사용하지 않아도 카페 운영이 가능한지 정말로 궁금해서 실험처럼 시작을 했어요. 다행이 시스템이 잘 정착이 돼서 요즘은 쓰레기가 나오지 않는 카페를 만들기 위한 실험을 진행 중이에요.

🎙 대기업에서 브랜딩 디자이너로 일을 하던 중에 제로웨이스트에 대해 관심을 갖게 됐다고요?

회사 다닐 때는 매일 야근을 하다 보니 하루에 커피 3~4잔은 기본으로 마셨어요. 그날도 평소처럼 빈 컵을 쓰레기통에 버리려는데 쓰레기통이 가득 차 있더라고요. 별 생각 없이 바닥에 두었죠. 저녁엔 저와 동료들이 버린 컵이 꽉 차서 쓰레기통 옆에 항상 빈 컵들이 쌓여 있었거든요. 늘 보는 풍경이었어요. 그런데 그날은 뭔가 자연스럽지 않다는 느낌이 들었어요. 우리가 마시고 버리는 컵이 쓰레기통으로 감당이 안 되는구나. 정말 괜찮은 걸까? 갑자기 현타가 왔다고 해야 할까요.

🎙 늘 봐왔던 풍경이 갑자기 낯설게 느껴진 이유가 뭘까요?

글쎄요… 매일 하던 제 행동이 이상하게 느껴지는 좀 신기한 순간이었어요. 우리 사무실에서 나오는 일회용 컵이 쓰레기통으로는 감당이 안 되는데, 다른 곳은 어떨까? 대체 우리가 하루 쓰는 일회용 컵이 얼마나 되지? 속으로 셈을 하게 되더라고요. 당시 다니던 회사는 테헤란로 역삼역에 있었는데, 빌딩이 숲을 이루는 곳이었어요. 제가 일하는 층에만 100명이 넘는 사람들이 일하고 있었는데 40층이 넘는 빌딩 각 층에서 매일 똑같은 일이 일어나고 있을 테니까, 테헤란로에서 하루 동안 쏟아져 나올 일회용 컵의 어마어마한 양에 아찔해지더라고요.

그 다음에 든 의문은 이 많은 컵이 제대로 재활용이 되고 있을까 하는 것이었어요. 만약 재활용이 된다 해도 이 많은 컵으로 대체 뭘 만들고 있는 걸까 궁금했어요. 일회용 컵에 대한 정보를 이리저리 찾아봤지만, 어디에도 나와 있지 않더라고요. 결국 직접 알아보기 위해 쓰레기 선별장까지 찾아갔더랬어요. 그리고 그곳에서 일회용 컵은 재활용이 안 된다는 사실을 알게 됐어요. 충격이었어요.

🎤 궁금증에 대한 답을 찾기 위해 집요하게 알아보았네요. 이후 회사를 그만두고, 일회용 컵 없는 카페를 열었어요. 회사를 그만두기까지 많은 고민이 있었을 것 같아요.

선별장에 다녀온 후로 어떻게 하면 일회용 컵을 없앨 수 있을까에 대한 고민을 계속했어요. 그 무렵은 회사를 나와 상수동에서 개인 스튜디오를 운영하고 있었어요. 공간이 있다 보니 정말 해보고 싶었던 일을 벌였는데… 재활용도 되지 않을 컵을 더 많이 사용하도록 예쁘게 디자인을 해야 했던 거죠. 하하. 결국 회사를 나와서 상수동에서 개인 스튜디오를 운영했어요.

그러면서 아침 시간에만 커피를 종이컵이 아닌 유리병에 담아 판매해보면 어떨까, 고민만 해오던 것을 한번 실험해보고 싶었어요. 그래서 유리병 보증금 1,000원을 받고 손님들이 병을 반납하면 보증금을 돌려드리는 팝업스토어를 열었고요.

### 손님들의 반응은 어땠어요?

팝업스토어를 열었던 게 2016년이에요. 일회용 컵 사용이 당연하던 때였음에도 손님들이 이런 시도가 필요했다면서 공감해 주었어요. 빈 병도 꽤 회수가 됐고요. 그때 팝업스토어 이름이 '보틀카페'였는데 보틀팩토리의 시작이 된 셈이에요.

### 지금도 카페에서 테이크아웃 병을 사용하고 있나요?

지금은 '리턴미'라는 플라스틱 컵을 직접 디자인 제작해 사용하고 있어요.

### 플라스틱 컵을 제작한 게 좀 의외네요.

환경을 위한 컵이라고 하면 스테인리스 텀블러가 먼저 떠오르니까요. 사실 리턴미 컵이 나오기까지 많은 시행착오를 거쳤어요. 카페 운영 초기엔 지인이 기부해준 텀블러를 사용했는데 입구가 좁아서 세척이 쉽지 않았어요. 안 되겠다 싶어서 실리콘 뚜껑이 있는 이중 강화유리컵을 제작했어요. 그런데 이번엔 손

님들이 부담스러워했어요. 깨뜨리면 어떻게 하냐, 가방에 넣기가 힘들다면서요.

고민 끝에 플라스틱을 무조건 피할 게 아니라 어떻게 하면 더 오래 사용할 수 있을까를 연구했어요. 손님이 가져가기 부담 없고, 관리도 편한 그러면서 열에 강하고 슬리브가 필요 없는 컵을 만들자 해서 제작한 것이 에코젠 재질의 플라스틱으로 만든 '리턴미'예요. 리턴미 컵이 나오기까지 테이크아웃을 위한 컵을 만들기 위해 해볼 수 있는 고민은 다 해본 것 같아요.

아이디어를 현실화하는 과정에서 많은 시행착오를 겪었네요. 숲과나눔과는 어떻게 인연을 맺게 됐어요?

보틀라운지의 손님 대부분이 동네 분들인데 처음엔 다회용 컵을 받아가고 반납하는 시스템을 낯설어하셨어요. 어떻게 하면 컵 대여를 친숙하게 만들 수 있을까 하다 떠오른 게 도서관 대출카드였어요. 어릴 적 책을 빌릴 때 대출카드에 기록을 했잖아요. 그 추억과 감성을 컵 대여에 적용해보자 싶었죠.

컵 대여카드를 도서관 카드처럼 제작하고, 카드를 보관하는 장을 짜는 작업을 숲과나눔의 풀씨 사업으로 진행했어요. 해놓고 나니까 손님들이 옛날에 책이나 비디오를 대여하던 생각이

난다면서 좋아하시더라고요.

🎙 아날로그 방식은 손은 좀 가지만 친근해서 단골들도 많이 생겼을 것 같아요. 지금도 컵 대여카드를 사용하고 있나요?

덕분에 동네 손님들과 많이 가까워졌어요. 하지만 지금은 다른 방식으로 컵을 대여해요. 보틀팩토리의 다회용 컵 테이크아웃 방식이 알려지면서 이 시스템을 시도해보고 싶어 하는 카페들이 생겨났어요. 하지만 대출카드를 만들고 장을 짜는 작업들을 부담스러워해서 컵 대여와 회수를 기록하는 웹 플랫폼을 만들었고요. 이 사업은 풀꽃 사업으로 진행이 됐어요.

지금은 서울뿐 아니라 양양, 전주, 수원 등지 카페에서도 리턴미 컵과 '보틀클럽' 플랫폼을 이용하고 있어요. 숲과나눔을 만나서 컵 대여 시스템이 전국으로 확장될 수 있었던 거죠.

🎙 숲과나눔과 프로젝트를 진행한 건 어땠나요?

담당자분들이 제가 만드는 플랫폼의 내용에 대해 관심을 갖는 게 좋았어요. 프로젝트가 잘 진행되길, 응원과 지지를 보내주는 느낌을 받았거든요. 다른 지원사업을 진행하다 보면 형식적인 절차에 치여서 정작 해야 할 내용들이 뒤로 밀리는 경우가 있는데, 숲과나눔과 일하면서는 시스템을 구축하는 일, 그 자체에 집중할 수가 있었어요.

🎤 **시작할 때는 혼자였지만 이제는 많은 분들이 공감하고 행동하고 있네요.**

처음 카페를 시작할 때만 해도 일회용 컵 없이 카페를 어떻게 하냐는 이야기를 주변에서 정말 많이 들었어요. 그런데 막상 판을 펼치고 보니 저와 비슷한 고민을 하는 분들이 많다는 걸 알게 됐어요.

특히 서울혁신파크 안에 '인포숍카페별꼴'의 성과는 굉장히 유의미해요. 다회용 컵을 대여하는 보틀클럽 시스템을 이용하고 있는데, 혁신파크 안에 사무실들이 입주해 있다 보니 회의 한 번 할 때마다 다회용 컵 이용률이 죽 올라가요. 카페와 사무실이 한 건물 안에 있기 때문에 반납률도 97%나 되고요. 일회용 컵 사용량을 획기적으로 줄이고 있는 셈이에요. 매일 많은 양의 컵을 설거지해야 하는데도 일회용 컵을 줄이려는 직원분들의 의지가 대단해요.

🎙 맨 처음 문제의식을 가졌던 테헤란로의 일회용 컵 사용에 대한 해결 실마리를 찾은 것 같은데요.

맞아요, 실마리. 단번에 바뀌지 않겠지만 카페 별꼴처럼 적극적인 의지를 가진 분들과 연결돼서 일회용 컵 없애는 일을 넓혀가고 싶어요. 제 목표는 운영하는 카페를 늘리는게 아니라, 일회용품과 쓰레기가 나오지 않은 시스템을 만드는 것이니까요. 이런 저를 어떤 분들을 사회운동 활동가라고 부르기도 해요. 그런데 저는 여전히 저를 디자이너라고 생각해요. 다만 디자인의 대상이 상품이 아니라 쓰레기를 최소화할 수 있는 일상으로 바뀐 것뿐이에요.

🎙 일상을 디자인한 프로젝트로 로컬 장터인 '채우장'을 열기도 했어요. 어떻게 시작하게 된 거예요?

채우장은 순전히 제 일상을 지키기 위해 시작한 장터예요. 연희동으로 이사 오기 전에는 서촌에 살았어요. 시장이 가까이 있어서 장바구니와 용기를 챙겨 가면 비닐봉지를 받아올 일이 없었어요. 그런데 연희동엔 시장이 없고 근처에 마트 하나가 있는데 채소며 생선 등 작은 것들까지 포장돼 있어서 제 의지와 상관없이 일회용 포장용기를 받아와야 했어요. 사는 동네가 바뀌

니까 제로웨이스트 일상을 유지할 수가 없더라고요. 동네의 판매방식이 바뀌지 않으면 개인의 의지만으로는 한계가 있구나 싶어서 직접 포장용기 없는 팝업 장터를 열기로 했어요.

동네 참기름집, 반찬가게, 떡집 등 사장님들을 찾아가 참여해달라 설득했고요, 물건이 안 팔리면 낭패니까 홍보도 열심히 했어요. 사장님들이나 저나 정말 손님들이 용기를 가져올까 조마조마했는데, 손님들은 직접 담아갈 용기를 가져와서 장을 열 때마다 완판이 됐어요. 그땐 정말 신나더라고요.

🎙 동네 사장님들과 손님들에게도 포장 없이 물건을 사고팔 수 있다는 걸 알게 된 특별한 경험이었겠어요.

2019년에 채우장을 기획하면서 리서치를 해봐도 100% 포장용기를 제공하지 않는 사례는 없었어요. 해외 파머스 마켓에서도 잼이나 오일을 유리병에 담아서 판매하고 있었으니까요. 그런데 채우장에선 단 하나의 포장용기도 없었을 뿐 아니라, 참여한 사장님들이 행주를 준비해서 장을 마치고 정리하는데 쓰레기가 하나도 나오지 않았어요.

뭣보다 뿌듯한 건 채우장이 일회성 이벤트로 끝나지 않았다는 거예요. 장터가 열리지 않아도 손님들은 개인 용기를 챙겨서 장터에 참여한 동네 사장님들의 가게를 찾아가기 시작했어요. 포장 없이 장을 보는 문화가 동네에 생겨나기 시작한 거죠.

🎙 개인의 고민을 해결하고 싶어서 벌인 일들이 결국엔 주변을 변화시켰어요. 전에 없던 모델을 만드는 일이 쉽지만은 않았을 텐데 힘든 점은 없나요?

일회용품 없는 카페와 장터를 한다고 했을 때 다들 가능하겠냐는 의문을 가졌어요. 저는 가능하다고 말하고 싶었기 때문에 3년간 쉼 없이 실험과 검증을 해왔고요. 변화를 위한 실험에 기꺼이 함께해주는 카페 손님들과 동네 분들이 있어서 너무 재밌고, 행복했어요. 그런데 그 과정에서 제가 좀 지친 것 같아요. 관심을 기울여온 일들이 개인의 이익보다는 공공의 이익을 위한 것이어서, 프로젝트는 성공했지만 수익이 창출되지는 않았거든요. 앞으로는 제 생활도 지속가능하면서 제로웨이스트 실험을 할 수 있는 모델을 만들어야 하는 숙제가 남아 있어요. 그걸 고민하는 지금이 힘들다면 힘든 시기인 것 같아요.

💬 늘 질문을 던지고 해결책을 찾아왔으니까 반드시 이뤄내실 거라 믿어요. 앞으로 계획하고 있는 일이 또 있으시죠?

채우장의 사례처럼 동네가 바뀌어야 우리 일상의 변화가 지속가능하다고 생각해요. 그래서 연희동을 중심으로 쓰레기를 줄이기 위한 프로젝트를 계속하려고 해요. 그리고 지금 진행중인 '카페 내 쓰레기를 파악하고 줄여가는 프로젝트'를 계속해서 하나의 좋은 사례를 만들고 이를 모델로 한 '카페 자원순환 시스템'을 만들려고 합니다.

풀꽃 활동 소개

# 일회용 컵 사용 저감을 위한
# 테이크아웃 다회용 컵 공유 서비스 실험

보틀팩토리에서 실행하고 있던 단순한 텀블러 대여 방식을 업그레이드한 테이크아웃 다회용 컵 대여 시스템 '보틀클럽'이 확장될 수 있도록 공유 컵 대여 서비스를 제공하여 지역 내 일회용 컵 사용을 줄이고자 함.

### 풀씨 주요활동(풀씨 2기, 2019년)

- 텀블러 대여 시스템 디자인 기획 및 실험
- 카페 내 제로웨이스트 물품 판매 및 워크숍 진행

### 풀꽃 주요활동(풀꽃 3기, 2020년)

- 대량/공유 사용에 적합한 다회용 컵 개발
- 컵 공유 서비스 지역 내 카페에 적용
- 디지털 플랫폼 구축(공유용 컵 관리-대여, 반납 등을 위한 App 기획 및 개

발)

- 커뮤니티 기반의 세척소 구축(보틀팩토리 지하공간)
- 품질 관리 전략 구축(다회용 컵의 전문적인 세척 관리)

- 제로웨이스트 카페문화 확대(테이크아웃 일회용 컵 절감)
- 보틀클럽 운영으로 인한 카페 내 일회용 컵 절감(약 1,500개)
- 보틀클럽 참여 카페 12개소(서울 서대문구 일대)

보틀클럽 인스타그램 @bottle_factory

정다운

모두를 위한
게임:
보드판을 펼쳐라

# 시민·되다

한재윤 : 시민·되다 대표

우리 사회구성원들이 더 나은 시민역량을 가질 수 있도록 기여하는 것을 평생의 미션으로 삼고 있는 사회혁신가이자 사회적 기업가. '시민·되다'라는 소셜벤처를 창업해 일상에서 어렵지 않게 더 나은 시민이 될 수 있도록 돕는 도구 및 솔루션을 개발하여 제공하고자 노력하고 있다.

　한번 떠나면 끝내 살아 돌아오지 못하는 곳, 왕국의 끝. 성벽 너머로 세상을 멸망케 할 잔인한 추위와 살인귀들이 다가오는 중이다. 사람들은 가슴을 졸이면서도 이렇다 할 대책을 마련하기보다는 당장의 이익을 좇기에 바쁘다. 판타지 미드 속 이야기다. 고구마처럼 답답하게 전개되는 드라마를 보며 '마치 우리 이야기 같지 않아?' 의문을 가진 한 청년이 있다. 기후위기가 코앞까지 왔는데 아무 일 없다는 듯 살아가도 괜찮은 걸까. 세상을 구원할 영웅이나 단 한 사람만이 왕좌에 앉는 게임 말고, 모두가 함께 살아남을 수 있는 게임이 있다면 어떨까. 다소 엉뚱

해 보이기도 하는 아이디어는 이를 열렬히 응원하는 조력자들을 만나 작은 풀씨에서 꽃으로 그리고 나무로 자라나게 된다. 우리 모두를 위한 게임을 기획·개발한 시민·되다의 한재윤 대표를 만나봤다.

🎙 **시민·되다는 어떤 곳인가요? 소개해주세요.**

시민·되다는 사회적 목표 달성을 위해 혁신적인 해결책을 제공하는 소셜벤처예요. 대학원에서 환경교육을 공부하던 중에 창업을 했어요. 주로 사회구성원들이 일상에서 스스로 자신의 '시민력'을 효과적으로 키울 수 있도록 돕는 도구를 개발하고 공급하고 있는데요, 그중에서도 생태시민력의 핵심인 생태감수성을 키울 수 있는 게임을 시리즈로 개발하고 있어요.

🎙 **시민·되다가 추구하는 시민력이란 구체적으로 어떤 것일까요?**

시민 개개인이 스스로의 행복을 실현하기 위해 내가 속한 공동체와 사회를 긍정적으로 변화시킬 줄 아는 힘이라고 생각해요. 그것은 곧 우리 모두가 서로 함께 행복하기 위한 길을 찾고 만들어갈 줄 아는 힘이기도 해요.

우리나라는 어느 한 지도자에 의해서만이 아니라 시민 한 사람 한 사람의 힘이 모여서 성장해왔다고 생각해요. 우리 역사를 보면 참 굴곡이 많잖아요. 그럼에도 불구하고 지금까지 잘 버티면서 올 수 있었던 건 시민들의 건강하고 반듯한 마음과 윤리의식이 있었기 때문이라고 믿어요. 앞으로 사회가 어떻게 변화할지 당장 알기는 어렵지만, 자연과 사람을 존중하는 방향으로 가야 한다는 것은 분명해요. 조금 느리더라고 길을 잃지 않고 차근차근 갈 수 있게 하는 힘이 시민력이라고 생각해요.

💬 개인적 성취보다는 사회적 목표에 관심을 갖게 된 특별한 계기가 있었나요?

대학을 졸업하고 우연한 기회에 '어스아워(Earth Hour)'라는 글로벌 캠페인의 국내 진행을 책임지고 주도하는 공식 단체에 크리에이티브 디렉터로 합류를 했어요.

기후위기를 알리기 위해 전 세계 주요 랜드마크에서 일 년 한 번 동시에 1시간 동안 소등을 하는 캠페인인데요. 당시 전국의 모든 정부기관과 맥도날드, 스타벅스 같은 대기업들이 참여하면서 큰 성과를 거두었어요. 이후로 환경이슈를 만들고 알리는 일에 본격적으로 뛰어들게 됐어요.

🟢 생태를 주제로 한 빅게임과 보드게임을 벌써 세 개나 개발했어요. 게임 개발은 어떻게 시작이 된 거예요?

『왕좌의 게임』이라는 드라마를 보면 '윈터 이즈 커밍(winter is coming)'이라는 유명한 대사가 있어요. 멀리서 혹독한 추위와 위기가 찾아오고 있는데 사람들은 권력을 차지하기 위한 싸움만 해요. 지금 지구의 상황도 그와 비슷하다고 생각해요. 기후변화로 지구가 위태로운데, 우리가 너무 안일하게 대처하고 있는 건 아닐까, 하는 위기의식이 들었어요.

당시 대학원에서 환경교육을 공부하면서 교육과 정보기술(IT)를 결합한 에듀테크에 관심이 많았어요. 저는 중학교 때 게임 덕후였어요. 지금은 모바일이나 PC게임이 대세지만, 당시에는 플레이스테이션 같은 콘솔 게임기가 대세였어요. 당시 국내에서 구하기 어려웠던 플레이스테이션 게임CD까지 구해가며 게임을 신나게 즐겼어요. 중학교 시절에도 공부도 게임처럼 하면 좋을 텐데 왜 게임의 엄청난 잠재력을 학습에 활용하지 않을까 궁금했던 기억이 있어요.

그만큼 게임의 효과가 얼마나 큰지 누구보다 잘 알고 있기 때문에 교육 프로그램과 게임을 연결하는 작업에 자연스럽게 관심이 갔던 것 같아요. 환경에 대한 인식을 높이는 데 게임만 한

게 없겠다 싶더라고요. 그렇게 〈나의 지구를 지켜줘〉라는 빅 게임을 처음 개발하게 됐고요. 후속으로 〈나는 관찰한다(식물편)〉, 〈아기 새를 구해줘!〉까지 이어가게 됐어요.

💬 역시 경험에서 나온 것이었군요. ^^ 생태교육을 게임으로 접근한 것이 굉장히 새로워요. 이런 사례가 교육 분야에서 흔한 일인가요?

'게이미피케이션(gamification)'이라는 용어가 있는데 교육에 게임적 사고와 과정을 접목하는 것을 말해요. 아무래도 게임을 통해 학습을 하면 몰입감과 집중력이 높아져서 굉장히 효과적이에요. 이미 교육시장에서 많이 쓰이고 있고요, 앞으로도 점점 더 중요해질 거예요.

💬 게임 개발은 혼자서 했나요? 개발팀이 따로 있었나요?

애플리케이션 개발은 제가 한다고 해도 게임 규칙이나 게이머들의 상호작용 등 매커닉을 담당해줄 전문가와 그래픽 디자인을 총괄할 디자이너가 필요했어요.

다행히 난민 문제 같은 사회적 문제를 주제로 보드게임을 만드는 게임 전문 개발자 여지우 님이 함께 해주셨어요. 여지우 님은 국내 몇 안 되는 〈세계평화게임〉의 공식 진행자이기도 해서, 누구보다 생태 게임의 취지를 이해해주셨고요.

또 게임의 그래픽 디자인은 전문 디자이너이면서도 소셜벤처를 운영하면서 사회적 기여에 관심이 깊은 최병주 님이 함께 해주셨죠. 뜻이 같고 실력까지 갖춘 두 분이 있어서 이 게임들을 무사히 개발할 수 있었어요. 언제든 제가 깃발을 들면 와주실 수 있는 동지 같은 분들이에요.

🎙 어떤 일이든 혼자 하기보다는 함께 갈 때 멀리 갈 수 있는 것 같아요. 하지만 팀워크를 유지하는 게 쉽지만은 않잖아요. 팀을 유지하는 본인만의 노하우가 있을까요?

시민·되다는 규모가 작기 때문에 정직원을 고용할 수 있을 만큼의 여력은 아직 안 돼요. 프로젝트에 따라 팀원이 모이는데, 기획한 프로젝트가 팀원분들의 커리어에 도움이 된다고 판단이 선 후에 함께 해보지 않겠냐 요청을 드려요. 아무리 좋은 일도 일하는 당사자에게 도움이 안 되면 무슨 의미가 있겠어요. 또 다들 본업이 있으면서 프로젝트를 함께하기 때문에 각자 가장 효율을 낼 수 있는 시간에 일을 할 수 있도록 스케줄을 섬세하게 조율하는 편이에요. 일과 사람 어느 한쪽에 치우치지 않고 균형을 잡으려고 하는데, 사실 저에게도 늘 어려운 과제예요.

🎙️ **세 분이 의기투합해서 만든 게임들을 간단히 소개해주세요.**

〈나의 지구를 지켜줘〉는 야외에서 하는 게임인데요, 학교나 동네공원에서 '미션 식물'들을 포켓몬을 잡듯이 발견한 다음 관찰하기, 소리 듣기 등 다양한 생태 미션을 수행하는 빅게임이에요. 〈나는 관찰한다(식물 편)〉와 〈아기 새를 구해줘!〉는 실내에서 하는 보드게임인데, 보조장치로 전용 어플을 사용해요. 보드판이 가진 한계를 어플로 보완을 했는데 새소리도 듣고, 디테일한 식물 정보나 게임원들의 점수 카운팅 등을 어플을 통해 해요.

세 가지 게임의 공통점은 우리 주변의 나무, 꽃, 풀, 새 같은 자연을 시각과 청각으로 체험할 수 있도록 설계됐다는 거예요. 직접 해보시면 생각하시는 것보다 더 재밌으실 거예요. ^^

🎙️ **게임을 직접 해본 분들의 반응은 어떤지 궁금해요.**

〈나의 지구를 지켜줘〉와 〈나는 관찰한다(식물 편)〉는 주로 학교나 환경교육 기관에서 구입해서 생태교육을 위해 사용되고 있어요. 덕분에 학생 유저들이 단체로 게임을 하고 있어요. 〈아기 새를 구해줘!〉 같은 경우는 출시된 지 1년 정도 됐는데 지금까지 2,000명이 넘는 사람들이 참여하고, 1만 3,000번 넘게 새소리를 관찰했을 만큼 반응이 가장 뜨거워요. 과연 어떤 분들이 게임을 하고 있는 걸까 궁금해서 참여한 분들의 닉네임을 확인한 적이 있어요. 그런데 나, 엄마, 아빠, 할머니, 할아버지라고 쓰여 있는 걸 보고 뭉클했어요. 한 가족이 둘러앉아 아기 새를 구하기 위해 새소리에 귀 기울이는 모습이 그려지더라고요. 정말 이 일을 하길 잘했다 싶은 순간이었어요.

🎙 생각만 해도 흐뭇해지는 풍경이네요. ^^ 숲과나눔과 작업은 어떤 경험이었는지 궁금해요.

풀씨 사업에 선정되고 나서 첫 번째 게임이었던 〈나의 지구를 지켜줘〉의 기본 뼈대를 세우는 작업을 했어요. 그동안 아이디어로만 존재하던 게임 개발의 첫발을 드디어 떼게 된 거죠. 덕분에 훌륭한 팀원들이 모일 수 있었고, 대략의 게임이 어떤 모습일지도 감을 잡게 됐어요.

그러고 나서 2년 후에 〈나는 관찰한다(식물 편)〉을 풀꽃 사업으로 개발했어요. 보통 게임을 개발하는 기간이 2년 정도 걸리기도 하는데, 1년 만에 끝낼 수 있어서 참 좋았어요. 그런 집중적 개발이 가능했던 게 숲과나눔에서 불필요한 서류작업 대신 개발에만 몰두할 수 있도록 믿고 지원해주었기 때문이에요. 저희에게 신뢰를 주셨던 것이 참 감사했어요.

🎙 앞으로 더 만들고 싶은 게임이 있나요?

있죠, 물론. ^^ 생태 게임 시리즈를 확장해서 곤충과 어류 편 게임을 만들어보고 싶어요. 기술이 발전하면 시각과 청각뿐만 아니라 촉각까지 느낄 수 있는 미래형 게임도 개발할 수 있으려나요? 미래형 기술에 관심을 갖는 편이에요. 하지만 그동안 쉬

지 않고 게임 개발을 해왔기 때문에 당분간은 새 게임 개발은 잠시 쉬면서 그동안 만든 생태 게임 시리즈를 많은 분들에게 알리는 작업을 하려고 해요.

🎙 앞으로 시민·되다의 게임 유저가 되실 분들에게 하고 싶은 이야기가 있으면 이야기해주세요.

연애든 우정이든 모든 관계에 어느 정도의 노력과 수고가 필요하듯이 자연과의 관계도 마찬가지라고 생각해요. 저희가 만든 게임을 즐기시면서 그동안 '꽃', '나무'. '새'라 부르던 것을 라일락, 상수리나무, 물까치 등등 자연의 얼굴을 기억하고 이름을 부르는 새로운 경험을 하게 되셨으면 좋겠어요.

풀꽃 활동 소개

# 식물 관찰 역량을 증진하는 ICT 융합 기능성 보드게임, <나는 관찰한다(식물 편)> 개발

> 식물 관찰 역량을 증진할 수 있는 ICT 융합 기능성 보드게임 <나는 관찰한다(식물 편)>를 개발, 현장에서 사용하는 환경교구인 <나의 지구를 지켜줘>와 결합시켜 실내외에서 활용가능하고 보다 큰 생태 교육 효과를 만들 수 있는 프로그램을 완성하고자 함.

### 풀씨 주요활동(풀씨 1기, 2018년)

- 보드게임 개발 전문가와 협력하여 ELP 빅게임 디자인 및 기획
- ELP 빅게임 제작 및 숭문중학교 학생 대상 적용, 테스트

### 풀꽃 주요활동(풀꽃 3기, 2020년)

- 실내에서 재밌게 식물 관찰 역량을 증진하는 ICT 융합 기능성 보드게임 <나는 관찰한다(식물 편)> 개발
- 생태교육용 빅게임 <나의 지구를 지켜줘>와 결합하여, 실내외 활용이 가능

한, 보다 큰 생태교육 프로그램 완성
- 보드게임의 생태교육적 효과성, 몰입도 및 시장성 검증(사전·사후검사/참여자 행동 영상 기록 및 분석)
- 수익 창출을 통해 지속가능한 생산 및 공급이 가능한 여건 확립


- 〈나는 관찰한다(식물 편)〉 전용 웹앱 1종 개발 및 1,000세트 제작 완료
- 크라우드펀딩 목표 달성(26세트 판매) 및 SNS 홍보를 통해 약 2만 5,000명에게 홍보
- 대안교육 위탁교육 기관(부산·경남 지역)과 업무협약을 통해 1,000명 이상의 학생 체험
- 보드게임 참여자들의 '식물 관찰 역량' 및 '생태 감수성' 증진

시민·되다 페이스북 be.citizen.sns
한재윤

가로수 그늘 아래

잠시

쉬고 싶다면

# 가로수를 아끼는 사람들

최진우 : 가로수를아끼는사람들 대표

전문 연구자와 환경운동 활동가의 경계를 넘나들며 환경문제 해법을 모색하고 실천하는 환경생태 연구활동가(Eco-Activist Researcher)이다. 자연과 공생하는 생태전환 도시를 위해 시민이 주체적으로 참여하는 여러 시민과학 활동과 시민행동에 함께하고 있다. 서울환경연합 생태도시전문위원, 가로수시민연대 대표, 생명다양성재단 이사, 인천녹색연합 정책위원장을 맡고 있다.

 오래전 사람들은 나무를 아끼고 사랑했다. 마을마다 보호수가 있었고, 힘들고 어려운 일이 닥칠 때마다 동네 나무에 기대어 살아갈 힘을 얻곤 했다. 하지만 2023년의 나무는 도심의 배경이거나 귀찮은 민원의 대상일 때가 많다. 간판을 가려서, 보행이 불편해서, 도로를 확장해야 해서, 낙엽이 너무 많아서 등 갖가지 이유로 가지와 몸통이 잘려 나가도 특별히 뭐라 하는 이가 없다. 나무를 특별한 이웃으로 여기던 낭만의 시대는 끝난 것일까.

 그런데 어느 날, 우리 주변의 나무들의 이름과 의미를 불러내는 이들이 나타났다. 왜 함부로 가지치기를 하냐고, 왜 별것 아닌 이유로 수백 년 된 나무를 베어버리느냐고 세상에 돌직구를 날린 이들, '가로수를 아끼는 사람들'이다. 그리고 이들의 간절한 외침은 그동안 까맣게 잊고 살아온 나무를 향한 우리의 애틋한 마음을 깨워버렸다.

🎙 '가로수를아끼는사람들'은 '가로수 가지치기 시민제보'라는 캠페인으로도 잘 알려져 있어요. 시민제보는 어떻게 시작이 된 거예요?

저희 팀의 시작부터 이야기해야 할 것 같아요. 저는 대학과 연구실에서 수년간 도시 가로수에 관한 연구를 해온 학자였어요. 그런데 연구를 하면 할수록 시민 차원의 관심이 필요하다는 것을 절실하게 느꼈어요. 당시는 환경단체에서도 가로수에 관한 관심이 없을 때였는데, 다행히 환경사회학자인 레베카 님이 관심을 가져주셔서 '가로수를아끼는사람들'이라는 팀을 만들게 됐어요. 그때까지만 해도 저는 가로수를 둘러싼 다양한 이해관계를 사회적인 시선에서 보지는 못했어요. 레베카 님 덕분에 생태적 측면뿐 아니라 사회운동으로도 볼 수 있게 되면서 가로수

를 아끼는 사람들의 방향성이 생겨났어요. 그때 문을 두드린 곳이 재단법인 숲과나눔의 풀씨 사업이었어요. 다행히 풀씨 사업에 선정되면서 과도한 가로수 가지치기 시민제보를 하나로 모으는 페이스북 프로젝트를 시작할 수 있었고요. 풀씨를 거쳐 풀꽃활동을 이어가면서 안양 숲환경학교를 꾸려오신 김태연 님, 수원그린트러스트를 꾸려오신 이득현 님, 해외에서 활동하셨던 혁신적인 아보리스트 기업 '시소'를 만드신 이홍우 님과 결합할 수 있었는데, 이분들이 헌신적으로 활동해주셨기에 프로젝트가 제대로 진행될 수 있었어요.

🎙 당시 시민들의 반응이 뜨거웠던 걸로 알아요. 가로수 시민제보에 관한 뉴스들이 언론을 통해 꽤 자주 소개되기도 했고요.

저희도 제보가 그렇게 많이 쏟아질 줄은 몰랐어요. 페이스북을 처음 열 때만 해도 과도한 가지치기 때문에 마치 닭발처럼 보일 만큼 앙상해진 가로수를 우리처럼 안타까워하는 시민들이 계실 거다, 그분들에게 문제의식을 일깨우는 역할 정도면 충분하다는 생각으로 가볍게 시작한 프로젝트였어요. 그런데 "우리 동네 어디에 지금 가지치기 엉망으로 해놨어요.", "여기도 가로수를 베었습니다." 등등의 날 선 목소리와 사진 들이 전국 곳곳에서 올라오기 시작했어요. 반응이 예상보다 훨씬 뜨거워서 놀랐죠. 그와 동시에 페이스북에 올라온 제보들을 갖고 언론사들이 현장 취재를 하고 뉴스로 내보내기 시작했어요. 다들 누군가

깃발을 들기만을 기다렸구나 싶었죠.

🌱 작은 풀씨가 들불이 돼서 번진 격이네요.

시민제보 프로젝트는 풀씨 사업에 맞춰 3월~5월에 진행됐는데 마침 가로수 가지 치는 사업기간(2월~ 5월)과 딱 겹치면서 시민제보와 방송이 폭발적으로 늘었던 것도 있어요. 덩달아 저희까지 대표성을 갖고 뉴스 인터뷰를 하게 됐는데, 언론사에서 인터뷰 요청이 일주일에 4, 5일 정도 올 만큼 사회적인 관심이 뜨거웠어요. 덕분에 이전에는 관심이 크게 없던 분들까지 가로수 문제를 인식하게 되면서 전국적인 캠페인으로 번져갈 수 있었고요. 숲과나눔의 풀씨 사업이 알맞은 때에 내리는 단비 역할을 했던 거죠.

🌱 나무를 향한 시민들의 애정을 단번에 깨우는 계기점을 만드셨네요. 그런데 가지치기를 왜 이렇게 과도하게 하는 걸까요?

가장 큰 문제는 가로수와 관련된 각종 법령, 규칙, 매뉴얼, 지자체 조례 등이 아직 많이 미비하거나 있어도 제구실을 못 하고 있기 때문이에요. 가로수 관리와 직결된 행정 시스템은 도시개발과 도로 정비, 그리고 전선과 안전관리에 밀려서 다른 도시행

정과 대등하게 연결되어 있지 못해요. 투입되는 재정과 전문인력도 굉장히 부족하고요.

무엇보다도 가로수를 시민들과 공존하는 하나의 생명으로 보지 않고, 필요하면 심고 필요 없으면 베어버리면 그만인 시설물 중의 하나 정도로 인식하는 것도 문제예요. 그렇다 보니 가로수를 식재할 때부터 생존에 필요한 공간을 고려하지 않고, 도시 공간에 맞추어 구겨 넣는 식으로 심는 경우가 많아요. 나무와 건물 간 간격이 좁아지니까 나무가 너무 자란다 싶으면 가지를 마구 자르게 되고요. 그러면 결국 점점 쇠약해져서 쓰러지면 그 자리에 다시 작은 나무를 심어요.

또 좁은 공간에서 학대받으며 자란 나무는 뿌리가 허약해서 태풍이 불면 그대로 쓰러지기도 하는데 담당 공무원 입장에선 안전사고가 나면 곤란하니까 문제가 조금이라도 있는 나무들을 과도하게 가지치기하거나 싹 다 베어버리고 작은 나무를 심는 일이 반복되고 있어요.

가로수를 생명이 아닌 시설물로 여기는 행정 관행이 악순환을 만들고 있는 셈이에요.

🌿 **나무를 심을 때부터 첫 단추를 잘못 꿴 거였군요. 진우 님은 조경학 전문가인데 유독 가로수에 관심을 갖게 된 이유가 궁금해요.**

이전에 제가 있었던 연구실과 대학이 가로수와 관련된 연구를 많이 하는 곳이었어요. 도시 가로수가 좀 더 제 역할을 하려면 어떻게 심어야 하고, 어떻게 관리해야 하는지 시스템 연구뿐 아니라 가로수 조성 관리 지침을 만들기도 했고요. 그런데 저희가 아무리 연구를 해서 방안을 내놓아도 가로수가 나무답게 자라기 위한 법이나 정책은 거의 만들어지지 않더라고요. 연구자로서 한계를 많이 느꼈죠.

연구보고서는 보통 지자체와 산림청 담당자가 읽어요. 그럼 그분들이 가로수에 관한 정책을 만들고 예산을 배정해야 하는데, 늘 거기서 막히는 거예요. 대체 안 되는 이유가 뭐냐고 물어보니까, 가로수 때문에 불편하다는 시민들의 민원이 많아서 자신들도 어쩔 수 없다고 하더라고요. 그래서 시민들의 인식부터 바꿔야 한다는 것을 깨닫게 됐어요.

 그래도 연구실을 나와서 활동가가 되는 건 쉽지 않은 전환이었을 것 같아요. 시민활동에 관심을 갖게 된 계기가 있었나요?

사실 학부 때는 전공 공부에는 관심이 없다가 4학년이 되어서 생태와 환경 문제들에 눈을 뜨게 됐어요. 자연스레 대학원에 들어가고 되었고, 그때부터 환경을 지키는 것에 대해 진지하게 생각하게 됐어요. 사명감이 생기더라고요. 박사과정을 거치면서 생태 분야 전문가가 되는 훈련을 받았는데, 정작 연구자가 되고 나니까 자연은 교감의 대상이 아니라 조사하고 분석해야 하는 대상이 돼버렸어요. 슬픈 일이죠.

그러던 어느 날, 아이와 산책을 나갔다가 눈이 번쩍 뜨였어요. "이 나무는 뭐야?", "이 꽃은 뭐야?" 질문하는 아이에게 설명을 하다 보니 어느새 네 살 아이의 눈으로 자연을 보게 되더라고요. 학자의 안경을 벗고 본 자연은 모든 것이 흥미롭고 즐거웠어요.

그런데 그즈음 제가 살던 부천 지역에 습지를 메우고 골프장을 만든다, 논을 메우고 공장과 아파트를 짓겠다는 등의 개발 계획들이 연이어 발표되는 거예요. 가만 있을 수가 없어서 그때부터 발 벗고 그린벨트 개발 반대 운동을 했던 경험이 결국 연구실을 나와 가로수 시민운동 활동가가 되도록 이끈 것 같아요.

🎙 연구실을 나오길 잘했다고 생각하세요?

오랜만에 만난 분들은 저를 보고 다 놀라세요. 왜 이렇게 젊어졌냐, 얼굴이 너무 밝고 생기가 넘친다면서요. 연구자로 살 때는 올해 논문을 몇 개 쓰고, 프로젝트를 얼마나 했나로 제 삶의 가치를 평가했어요. 그런데 지금은 시민들의 의식이 얼마나 바뀌었나, 나는 어떤 기여를 하고 있나를 돌아봐요. 이전과는 전혀 다른 방식으로 제 삶을 바라보게 된 거죠.

현장에서 분노하고 슬프고 안타까울 때도 많지만, 활동에 매진할수록 현실을 조금씩 바꿔나갈 수 있다는 것 자체가 신이 나고 보람을 많이 느껴요.

🎙️ 덕수궁 양버즘나무(플라타너스)를 지켜낸 이야기를 안 할 수 없네요. 당시 어떤 상황이었던 거죠?

덕수궁 앞에는 53년 동안 자리를 지켜온 플라타너스들이 있어요. 그런데 서울시가 '세종대로 사람숲길'을 조성하는 공사를 하면서 나무뿌리가 덕수궁 담장에 균열을 일으켜 쓰러질 우려가 있고, 토종 수종이 아니라는 이유로 20여 그루를 베기로 결정했어요. 그때 저희 팀의 김태연 님이 '우리를 자르지 말아달라.'는 호소력 있는 문구를 나무에 붙여서 사람들의 이목을 끌고, 덕분에 많은 언론사들이 기사를 내면서 시민들의 호응을 더 얻게 됐어요. 저는 나무 베는 것을 반대하는 시민들의 청원 서명을 받아 서울시의회에 제출했고, 전문 아보리스트인 이홍우 님의 도움을 받아 나무의 건강 상태가 양호하여 쓰러질 우려가 없다는 보고서를 작성했어요. 시민여론이 거세지고 나무를 벨 과학적 근거가 미흡하다 보니 결국 서울시가 나무들을 베지 않기로 결정을 했어요. 이미 내린 행정 결정을 번복하는 일은 이례적인 것이라 저희에게도, 또 덕수궁 돌담길을 지나는 시민분들에게도 큰 성과였어요.

🎙 가로수를 아끼는 사람들의 활동은 유난히 사회적 이슈가 많이 됐어요. 이슈가 된 이후에 실제로 바뀐 점들이 있나요?

사실 예전에는 공무원들이 가로수에 대해 아무리 이야기해도 관심을 갖질 않았어요. 그런데 지금은 그래도 저희 이야기를 들으려는 분들이 늘었다는 게 변화라면 변화죠. 특정 지역에 나무가 위험해서 부득이하게 베어야 하는 상황이 생기면 담당 공무원이 저희에게 먼저 연락을 해오기도 하고요.

또 서울시 같은 경우는 그동안 건강한 굵은 가지를 많이 쳐내는 강전정 방식의 가지치기를 해왔는데, 이제는 다듬는 수준의 약전정을 원칙으로 하는 것으로 가로수 조례를 개정했어요. 이렇게 조례가 바뀌고 나면 자치구의 힘 있는 사람들, 예를 들어 구청장이나 구의원이 담당 부서에 가지치기를 해달라고 해도 조례를 근거 삼아서 막을 수가 있어요. 시민들의 의견을 귀찮은 민원이 아니라 중요한 의제로 여기게 된 거죠. 가로수 관리의 주체는 지자체이고 담당자는 공무원이라 할지라도 그 나무와 함께 살아온 시민들이 나무와 애착 관계가 형성되어 있다는 사실을 잊지 않았으면 좋겠어요.

2023년 3월말에는 환경부에서 도시 생물다양성 증진을 위해 가로수 수관부분을 25%이상 가지치기 해서는 안된다고 권고하는 가이드라인을 발표했어요. 우리가 그동안 줄기차게 주장해 온 내용을 받아들인거죠. 권고 수준이어서 강제할 수 없는 한계는 있지만, 문제제기 하는 현장에서는 정부에서 상식적인 수준으로 받아들인 효과가 있더라구요. 그리고 국립산림과학원에서 가로수 통합적 관리 지침 마련을 위해 2023년 부터 4년간 연구를 진행하고 있는데요. 우리가 당장에 필요한 대책도 마련해야 한다고 촉구를 하니, 산림청에서 가로수 가지치기 및 제거에 대한 기준과 심의절차를 강화하는 제도개선에 나섰어요. 활동을 시작한 지 3년의 성과로 제도 개선이 슬슬 이뤄지고 있어 보람을 느끼고 있어요. 물론 제대로 될 때까지 지속적으로 감시하고 목소리를 내야죠.

🌱 행정기관과 시민들이 힘을 모으면 큰 시너지를 내기도 하는데 우리도 이제 시작은 된 것 같네요. ^^ 다른 나라들은 어떻게 가로수를 관리하나요?

뉴욕시에는 70여만 그루의 가로수가 있어요. 그런데 70여만 그루의 가로수를 일일이 조사한 건 뉴욕시 공무원이 아니라 자원봉사자들이에요. 시민들이 직접 가로수의 위치부터 수종, 건강 상태와 주변 환경 등을 조사한 뒤에 데이터를 뉴욕 가로수 맵 어플에 기록했어요. 그렇게 해서 만들어진 것이 '가로수 맵(NYC Street tree Map)'이에요. 뉴욕시가 기획하고 시민들이 참여한 프로젝트인데, 어플을 보면 나무 한 그루마다 대기 정화 능력, 탄소흡수량, 에너지 절감 정도를 돈으로 환산해놓았고요, 나무 한 그루가 1년에 얼마만큼의 혜택을 주는지 세세하게 소개하고 있어요.

가로수를 가꾸는 일까지 봉사자들이 하기 때문에 가로수에 쏟아지는 애정이 어마어마하지요. 뉴욕시는 재정을 크게 들이지 않으면서 시민 참여형으로 가로수를 관리하기 때문에 양쪽 모두에게 좋은 프로젝트이고요. 재작년에 서울 마포에서 자연의벗연구소와 함께 가로수 지도를 만드는 작은 실험을 시도하기도 했는데요, 이후 부천, 안양, 인천, 광주, 순천, 서울, 광양에서도 시민단체가 주관하여 자원봉사 활동으로 진행되었어요. 앞으로 더욱더 확장되면 좋겠어요.

🌿 동네에 내가 관리하는 나무가 한 그루 생긴다면, 나무뿐 아니라 사는 지역에도 애정이 더 깊어질 것 같아요. 추천하고 싶은 동네 가로수 길이 있을까요?

종로구의 효자동 주민센터 앞에서 청와대 앞길까지 산책해보시길 권해요. 이 길의 주인공은 단연 은행나무예요. 은행나무는 서울시를 대표하는 시목이기도 해요. 하지만 열매 냄새와 낙엽 때문에 가로수 중에서도 과도하게 가지치기를 많이 당하는 나무 중 하나죠. 다행히 청와대 가는 길에 있는 은행나무는 그 위치 때문에 과한 가지치기를 당하지 않고 우리나라에서 가장 잘 대접을 받은 가로수의 길이에요. 일제강점기 때 식재했다는 이야기가 있는데, 못해도 한 세기 정도는 베어지지 않고 자리를 지킨 셈이죠. 100여 년 된 가로수길을 만나는 건 흔한 일이 아니기 때문에 햇살 좋은 날 걸어보시길 추천해요.

🎙 앞으로 계획하고 있는 일들이 있나요?

지난 교육감 선거에서 학교 나무 관리를 개선하기 위해서 우리가 어떤 정책을 하면 좋을지 온라인 토론을 해서 제안문을 만들었어요. 그걸 서울시 교육감하고 경기도 교육감 후보한테 전달하기도 했고요. 저희가 계속 정책변화를 촉구하는 이유는 가로수에 대한 관리법이 근본적으로 바뀌어야만 가로수뿐 아니라 우리 삶의 질이 바뀌기 때문이에요.

저희의 궁극적인 목표는 가로수를 비롯한 모든 도시 나무들에 대한 관리와 직결되는 법제를 개선하는 일이에요. 공공 공간의 가로수뿐 아니라 아파트와 상가, 학교에 있는 나무들까지도 공공재로 인식하고 살아 있는 생명으로 관리될 수 있도록 '도시나무법'을 제정하려고 해요.

우리 곁의 나무를 시민들의 일상과 건강을 지키는 공공재이자 우리와 똑같이 살아있는 '또 다른 시민'으로서 바라볼 수 있도록 시민들의 인식이 바뀌길 바라면서 그 길을 이끄는 것이 우리의 일이자, 목표예요.

풀꽃 활동 소개

# 가로수 보호정책 마련을 위한
# 과학적 접근과 지역 네트워킹 사업

가로수 보호 법제도·정책 개선 운동을 위해 가로수의 과도한 가지치기 피해실태에 대한 전국 맵핑(mapping)과 과학적인 논거 수집, 가로수와 더불어 살아가는 시민의 공동체성 배양을 위해 지역 풀뿌리조직, 민관협치 조직 등 다양한 활동 조직과 네트워킹을 진행하여 대안 마련 및 정책을 제안함.

### 풀씨 주요활동(풀씨 4기, 2020년)

- SNS를 통한 가로수 가지치기 피해사진 시민제보 접수
- 시민제보, 민원 접수, 토론회 등의 결과를 토대로 한 가로수 아카이브북 제작

### 풀꽃 주요활동(풀꽃 4기, 2021년)

- 가로수 생육 피해 실태에 대한 과학적인 근거자료 수집을 위한 수목 전문가와의 협업

- 풀뿌리조직 및 민관협치 조직과의 네트워킹을 위한 효과성 높은 전략 간담회 진행
- 도시 가로수 보호 관련 법제도 및 정책 개선 토론회 개최
- SNS(페이스북 그룹)를 통한 공론장 운영
- 맵핑 자료 구축을 위한 활용도 높은 온라인 기반 공유 플랫폼을 활용(네이처링)
- 문제해결을 위한 심층 토론 및 정책 방향 공론화 간담회 진행(약 15회)
  - '민주주의서울'의 시민 의제 '가로수 가지치기 문제' 시민 대토론회, '무자비한 가지치기 근절을 위한 제도개선 방안' 국회 정책토론회 등
- 시민 대상 가로수 가지치기 관련 홍보 및 참여 확대
  - 활동 관련 언론보도 약 20여 건(2020. 5. 5~2021. 5. 17)
  - SNS(페이스북, 네이처링) 회원 약 970명, 제보 약 780건, 포스팅 약 670건 등
- '가로수 가지치기 매뉴얼' 제작 중

페이스북 '가로수시민연대'
네이처링 '가로수 가지치기'
최진우, 김레베카, 김태연, 이득현,
이홍우, 장보혜, 장용창

제주 바닷속
시간은
다르게 흐른다

# 에코핀더하기

신수연 : 에코핀더하기 팀원, 녹색연합 해양생태팀 팀장

"이제는 바다의 시간"
저는 요즘 녹색연합 해양팀 동료들과 함께 제주에서 해양시민과학센터 〈파란〉 설립을 준비중이에요. 시민과학을 통해 해양생태계 변화를 기록하고, 생물다양성 회복을 위한 활동을 모색중입니다. 풀꽃을 통해 대중서로는 처음으로 제주바다 산호안내서『ㅈㅈㅅㅎ』를 발간하였고, 지금의 활동에 큰 힘이 됐어요.
고마워요, 풀꽃!

　물결 따라 춤추듯 살아가는 연산호와 니모의 세계. 제주 강정 바다 속으로 풍덩 뛰어든 '에코핀더하기'는 나직하지만 또렷한 목소리로 친구들의 이름을 불렀다. 검붉은수지맨드라미, 금빛나팔돌산호, 깃산호, 흰수지맨드라미… 산호의 이름을 하나씩 불러보는 사람이 늘어난다면 사라져가는 산호를 지킬 수 있지 않을까, 하는 희망을 품고서 말이다.

　제주 강정바다 앞 범섬과 문섬은 유네스코 생물권보전지역이다. 보전지역 곁에 해군기지가 들어섰고 바다는 빠르게 변해가는 중이다. 그 속에 사는 산호들을 추적 관찰해온 지 10여 년.

에코핀더하기의 신수연 팀장은 제주 깊은 바닷속 산호와 도심 속 우리가 긴밀하게 연결돼 있다는 사실을 어느 날 깊이 깨달았다고 한다. 산호는 대체 그녀의 삶을 어떻게 물들여간 것일까.

### 🎤 에코핀더하기가 환경운동 시민단체 활동가들의 소모임으로 시작된 거라고요?

(신수연) 녹색연합이 제 직장인데요. 저희 단체엔 취미나 관심사를 공유하는 소모임들이 있어요. 제가 들어간 곳은 에코핀이었어요. 단순히 즐기는 펀다이빙이 아니라 생태적인 다이빙을 하는 모임인데 생태의 의미를 담은 에코에, 바다에 들어갈 때 신는 오리발인 핀을 붙여서 처음엔 '에코핀'이라고 불렀어요.

### 🎤 원래부터 다이빙을 좋아했어요?

웬걸요. 소모임에 들어갈 때만 해도 다이빙은 전혀 할 줄 몰랐어요. 다만 다이빙에 대한 갈망과 로망이 있었죠. 팀원들 중엔 다이빙을 할 줄 아는 분들도 있었지만 대부분 소모임에 들어와서 다이빙 강습을 받아서 배웠어요. 저는 당시에 몸이 좋지 않아서, 소모임 시작하고 다음 해가 되어서야 배웠고요.

 다이빙을 못했던 1년 동안은 어떤 일들을 했어요?

에코핀 모임원들의 절반은 제주 강정마을 주변 바다를 조사하는 활동가들이에요. 제가 일하는 녹색연합에서는 제주 강정마을에 해군기지가 건설되기 전부터 강정마을 인근 바닷속 생태를 조사했어요.

처음엔 경험이 많은 베테랑 선배들을 따라 일단 배를 타고 바다로 나갔어요. 다이빙은 할 줄 모르니 배 위에 남아서 선배들이 다이빙하는 지점도 기록하고, 활동 스케치 영상도 찍고, 그 기록을 모아서 보도자료와 보고서를 만들었어요. 선장님과 수다도 좀 떨고요. 그렇게 바다와 조금씩 가까워졌어요.

🎙 **소모임 활동이 아니라 일을 하러 간 것 같은데요?**

바다 생태를 조사할 때 모든 팀원이 바다에 들어가지 않아요. 한 명은 배 위에 남아서 입수하는 모습, 위치정보(GPS)를 기록해야 돼요. 제가 막내인 데다 다이빙도 할 줄 모르니 백업이 자연스럽게 제 몫이 된 거죠. 그러다가 바닷속을 조사할 사람 수도 부족하고, 저도 1년 동안 바다 냄새 맡고 나니까 다이빙을 배워보자 싶었어요.

🎙 **처음 바다에 입수했을 때가 궁금해요. 무섭지는 않았나요?**

제주 바다는 풍랑이 많고 조류가 센 편이에요. 바닷속에 부유물이 많을 때는 바로 옆에 있는 사람이 안 보일 때도 있고요. 물 위와 바닥이 아쿠아리움처럼 선명하게 보이는 경우는 많지 않아요. 그러다 보니 처음 바다 들어갈 때 다들 겪는다는 패닉을 저도 겪었어요. 작은 실수 하나에도 가슴이 쿵쾅쿵쾅댔어요. 다이빙에 익숙해지는 데 시간이 꽤 걸렸는데, 작년부터 겨우 물속에 들어가는 게 좀 편해졌어요. 처음엔 수심 18미터까지만 들어갈 수 있는 자격증을 따고 바다에 들어갔는데 지금은 수심 35~40미터까지 들어갈 수 있는 어드밴스 자격증을 갖고 있어요.

🎤 그처럼 열심히 다이빙을 하는 이유가 궁금해요.

에코핀더하기가 다이빙하는 제주의 강정바다는 유네스코 생물권보전지역, 해양생태계 보전지역 등 일곱 개의 보호구역으로 묶여 있는 곳이에요. 그 안에 사는 제주 연산호는 천연기념물이고요. 연산호들이 가장 많이 모여 사는 국내 최대 군락지 '산호정원'도 강정 앞바다에 있죠. 그런 곳에 해군기지가 들어선 거예요. 참담하고 마음 아픈 일이죠. 하지만 누군가는 강정바다의 생태를 기록해야 했어요. 해군기지가 지어지기 전, 2007년부터 선배들이 산호군락지 수중조사를 시작했어요. 그렇게 10년의 기록이 담긴 『강정바다 생태보고서』가 나왔고, 해군기지가 강정바다의 생태계를 어떻게 오염시켰는지 세상에 이야기할 수 있었어요.

에코핀더하기에 들어오기 전에는 선배들의 그런 활동을 지켜보는 입장이었어요. 하지만 에코핀더하기 활동을 하면서 제 눈으로 강정바다와 산호군락지가 어떤 변화를 겪고 있는지 보고 나니까 서울 사무실에 올라온 후에도 마음이 저절로 바다로 향해요. 일곱 개의 보호구역으로 지정되고도 제대로 보호받지 못한 강정바다와 산호를 널리 알리고 싶고, 지키고 싶은 마음도 함께 커졌고요.

### 제주 바다에 무슨 일이 일어나고 있는 건가요?

제주 바다가 생각보다 빨리 변하고 있어요. 해군기지와 가까운 곳에 서식하는 연산호의 개체와 종이 확연히 줄어들었어요. 또 해녀분들 말로는 제주 바다 바위를 검게 덮고 있던 감태, 모자반, 톳 같은 해조류들이 싹 사라졌대요. 검은빛을 띠던 바위가 지금은 하얗게 변해서 채취할 해조류가 없다고요. 요 3년 사이에 일이에요. 해군기지뿐 아니라 수온 상승, 바다 쓰레기도 제주 바다의 변화에 원인이 되고 있는 거죠.

몇 년 전부터 연산호 서식면적이 줄어들고, 아열대 동남아시아 바다에 서식하는 빛단풍돌산호가 점점 많아지고 있어요. 아열대 어류도 많이 보이고요. 7월 초에 다이빙을 하는데 6월 중

순보다 물이 따뜻해진 게 확연히 느껴졌어요. 동료가 "물이 왜 이렇게 따뜻해?" 하는데, 이 거대한 바닷속의 온도 변화가 느껴진다는 게 놀라웠죠. 때론 저수온 현상도 있고, 변화가 여러 모습으로 나타나요.

🌿 에코핀더하기를 통해 산호를 관찰한 지도 꽤 됐죠? 산호만의 매력은 뭘까요?

산호를 관찰한 지도 벌써 8년이 됐네요. 그런데 그거 아세요? 흔히 제주 연산호를 바다의 꽃이라고 부르잖아요. 산호군락지는 산호정원이라고 하고요. 그런데 산호는 식물이 아니에요.

산호는 분류학적으로 동물이지만, 한편으로는 식물, 광물적 속성도 갖고 있어요. 촉수를 뻗어서 먹이를 사냥하고, 개체를 퍼뜨리는 생식활동은 동물의 특성이에요. 하지만 빛이 들어오는 수심에 사는 산호들은 식물처럼 광합성을 하기도 하죠. 또 우리가 산호초라 부르는 지형은 돌산호가 수천 년 이상 쌓여서 만들어진 것이고요. 이때는 광물의 성격을 갖죠. 이렇게 산호가 식물, 동물, 광물의 성격을 다 갖고 있다는 걸 처음 알았을 때 굉장히 신기했어요. 생태적으로도 굉장히 흥미로운 생물이에요.

🎙 수동적인 식물이라고 생각했는데 굉장한 생물이었네요.

맞아요. 게다가 산호는 혼자 살지 않아요. 물고기가 숨어서 사는 집이기도 하고 알을 낳는 산란장이기도 해요. 니모처럼 생긴 흰동가리가 숨는 은신처 역할도 하고요. 산호는 물고기, 갑각류를 연결해주는 해양생태계에 마치 인싸 같은 생물이에요.

🎙 친한 친구를 소개하는 것처럼 신나 보여요. 산호와 긴 시간 관계를 맺어왔기 때문일까요?

어느새 산호가 제 삶에 깊이 들어와 있더라고요. 우리가 매일 가는 화장실과 세면대에서 바다를 떠올릴 수 있으면 변화가 시

작될 거라는 이문재 시인의 글이 있어요. 산호의 생태를 기록하면서 그 말의 울림이 더 깊이 와닿아요. 서울에 올라와서 일할 때 내가 쓰고 버린 물이 결국 바다로 흘러갈 거잖아요. 서울에 있어도 우리는 연결돼 있구나. 그런 생각이 들 때마다 바다가 더 가깝게 느껴져요.

🖋 바닷속에서 산호를 관찰하는 건 비일상의 경험이에요. 누구나 산호를 관찰하는 건 아니니까요. 특별한 경험을 통해 얻은 것이 있다면 무엇일까요.

음… 바다에 들어가면, 육지와 다른 바다만의 흐름이 있어요. 관찰하고 싶은 산호가 있어도 조류가 제 앞으로 훅 들어오면 제 뜻대로 이동하기가 힘들어요. 처음에는 주변에 있는 바위를 잡고서 꼭 관찰하고 말 거야, 고집을 부리기도 했는데 결국엔 일이 다 틀어졌어요. 물의 흐름과 반대 방향으로 움직이면 힘은 힘대로 빠지고 공기통 공기도 많이 쓰게 되고 뜻대로 안 되더라고요.

지금은 물결이 제 쪽으로 오면 잠깐 멈추고 기다려요. 물이 알아서 방향을 틀어서 나갈 때까지. 그때그때 달라지는 물의 흐름에 적응하려고 해요. 바다에선 억지로 노력하는 것이 제일 힘들구나, 힘을 빼고 가만히 있는 것 그게 가장 편한 거구나, 하는 걸 느꼈어요. 일을 진행하기도 훨씬 수월하고요.

육지에서 일할 때도 바다에서처럼 힘을 빼고 억지스럽게 일을 안 하려고 해요. 하지만 여전히 자연을 훼손하는 뉴스를 보면 여전히 욱하고요, 뜻대로 안 되면 왜 안 돼! 하며 조바심이 나곤 해요. ^^

🎤 숲과나눔 풀꽃 사업으로 제주 산호의 관한 거의 모든 것을 담은 책 『ㅈㅈㅅㅎ(제주산호)』을 출간했어요. 어떻게 시작이 된 거예요?

산호를 관찰하는 일이 늘 쉽지만은 않았어요. 생물종의 면적과 종류를 확인하는 방형구 조사를 위해 고정해둔 물속 표식이, 태풍이 지나가고 나서보면 사라지고 없다든지…, 셀 수 없이 많은 시행착오를 겪었어요. 그렇게 우리는 바다에 적응해갔고 그 노하우와 자료 들이 차곡차곡 쌓여갔어요. 제주 바다에는 120종의 산호가 살고 있는데 지금도 미기록종들이 나오고 있고요. 알면 알수록 무궁무진한 산호의 세계를 우리만 알기엔 너무 아까운 거예요. 우리나라엔 산호 학술도감은 있어도 아직까지 대중서는 없거든요. 제주 산호의 생태를 담은 에세이가 있으면 많은 사람들에게 산호 이야기를 전할 수 있을 텐데…. 에코핀더하기 팀원들과 고민을 나눈 끝에 그럼 우리가 써볼까 마음을 냈어요. 그래도 막상 하려니 처음에는 엄두가 잘 안 나더라고요. 직장 일도 있고, 책을 만드는 일은 해본 적이 없었거든요.

🎤 과정이 쉽지는 않았겠어요.

시행착오를 많이 겪었어요. 그렇지만 산호에 관한 책을 내겠다, 하고 숲과나눔과 약속하고 나니까 강한 책임감이 생기더라고요. 이번 생에 처음으로 에세이 책을 낸다는 미션이 주어졌으니 해보자. 팀원들과 마감 일정에 맞춰 책 기획부터 협업할 분들 섭외, 책 구성, 집필… 모든 과정을 해볼 수 있었고요. 덕분에 출판의 과정을 다 배우게 됐어요. 책이 나오고 정말 뿌듯했어요. 저와 팀원들 이름이 들어간 책을 낸 건 처음이거든요. 숲과 나눔 재단의 풀꽃 사업이 아니었다면 아마 생각에만 그치고 말았을지도 몰라요.

🎙 우리나라에 등장한 첫 산호 에세이잖아요. 독자들의 반응은 어때요?

깜짝 놀랄 만큼 폭발적이면 좋겠지만 ^^ 1쇄로 찍은 1,500부를 아직 판매 중이에요. 아직은 선물로 드리는 일이 많아요. 그동안 도움 주신 해양 전문가분들이나 제주지역 분들 만날 때 책을 드렸더니 "어, 맨날 바다 들어가더니 책 냈네." 하며 저희를 다르게 봐주셔요. 저희 팀에서 진행 중인 산호 프로그램 수업 교재로도 쓰고 있고요. 당장 반응이 오지는 않지만, 책을 내는 과정에서 좋은 인연들을 많이 만날 수 있었던 것에도 감사해요. 종종 우리 팀원들에게 이야기해요. 이 책이 앞으로 우리에게 날개를 달아줄 거라고요. 책을 준비하면서 '에코핀'이라는 이름에서 '에코핀더하기'로 팀명도 바꿨어요. 저희들에게 이번 책이 터닝포인트가 된 건 분명해요.

🎙 산호 책이 날개를 달아줄 거란 이야기가 긍정적인 예언처럼 들려요. 산호에 대해 궁금해하는 분들도 늘고 있다고요.

산호를 배울 수 있는 '산호학교'를 열었는데, 120명의 시민들이 참가 신청을 해주셨어요. 많은 분들이 신청해서 저희도 놀랐고요. 산호에 대한 이론 수업을 한 뒤, 다이빙 자격증을 갖고 있는 12명을 선발해 그분들과 산호 수중조사를 하려고 해요. 책이나 영상으로만 봤던 일을 직접 해보는 거죠. 해양 연구 쪽은 수중조사원이 부족하기 때문에 이분들이 잘 훈련되면 해양 연구에도 도움이 될 수 있어요. '산호학교'를 시그니처 프로그램으로 키워갈 계획이에요.

그 외에도 '산호친구들'이라는 에코투어와 제주 학생들을 위한 산호 수업을 준비하고 있고요. 2년 안에는 제가 일하는 녹색연합에서 해양 전문기구를 만들 계획이에요.

한 달에 두 번 산호를 보러 강정바다에 갔던 일이 점점 커지고 있어요. 마치 산호가 군락을 이루는 것처럼요.

풀꽃 활동 소개

# 제주 바다숲을 기록하고 지키는
# 다이버 활동가들의 에코핀 프로젝트

기후변화와 난개발, 해양 오염으로 제주 바다가 급격히 바뀌고, 각종 보호구역으로 지정된 곳조차 '보호'받고 있지 못하며, 그곳에 깃들어 사는 '법정 보호종'도 위협받는 상황 속에서, 환경활동가들이 지역 주민과 전문가들을 만나 제주 해양생물과 서식처를 기록한 제주 바다 산호 안내서『ㅈㅈㅅㅎ』를 제작하고 캠페인을 통해 제주의 생태적 가치를 알림.

### 풀씨 주요활동(풀씨 4기, 2020년)
- 제주의 해양보호구역 현황 및 관리방안 자료조사(전문가 강연 및 인터뷰)
- 제주 현장 수중조사 및 영상촬영 등 조사자료를 활용한 SNS 홍보

### 풀꽃 주요활동(풀꽃 4기, 2021년)
- 현장 조사 및 수중 사진 및 영상 기록

- 제주 바다 산호 안내서 『ㅈㅈㅅㅎ』 도서 제작 및 온라인 캠페인
- 도서 제작을 위한 공공기관(국립해양생물자원관, 국립생물자원관)과의 협업
- 단체 활동가, 전문가 대상 워크숍 진행(제주 섬문화, 해양보호구역 등)


- 제주 바다 산호 안내서 『ㅈㅈㅅㅎ 조금 사소하고 쓸 데 많은 제주 산호에 관한 거의 모든 것』(텍스트CUBE, 2021.09.15. 발행) 출판 및 워크숍 진행
- 제주 바다에 서식하는 연산호 36종 및 서식지 접사 사진 확보
- 지역 및 전문가 네트워크 확장
  에코 오롯, 국립해양생물자원관, 제주지역 다이빙숍 강사, 다큐멘터리 제작팀 등 학술, 예술, 문화 영역 전문가 그룹과 새로운 관계 형성
- 언론보도를 통한 시민 인식 증진
  제주 바다 연산호 군락의 변화를 다룬 KBS 시사 다큐 프로그램 보도, 제주 바다 산호생태계 지면 보도 등

에코핀더하기 페이스북 i.greenkorea

유튜브 youtube.com/c/GKU8500

신수연, 박은정, 신주희, 윤상훈, 이다예, 허승은

스타 디자이너는
아닙니다만…
여럿이
반짝반짝 빛나는 일에
진심인 프래그

# 프래그(랩)

이건희 : (주)프래그 대표

인간과 사물의 관계에 관심이 많습니다.
플라스틱 재활용을 위해 공정을 연구합니다.
풀씨를 통해 플라스틱 재활용 워크숍을 진행했고, 풀꽃을 통해 재활용 플라스틱
사출 서비스 "노플라스틱선데이"를 시작하였습니다.

  100% 재활용 플라스틱 제품, 함께한 파트너사 260여 개사, 재활용한 플라스틱 무게 5,800kg 이상(2022년 1년간 기준), 제작한 제품 개수 27만 706개. 얼핏 보면 대형 제조사의 실적 같아 보이지만 커다란 기계도, 공장도 없이 독창적인 플라스틱 재활용 기계와 세 명의 디자이너들이 뭉친 (주)프래그가 만들어낸 성과다. 혼자만의 독창적인 디자인이 아니라, 여럿이 가치로운 디자인 제품을 만드는 (주)프래그 이건희 대표를 만났다.

🌱   프래그(랩)에 대한 설명이 먼저 필요할 것 같아요.

대학 졸업하고 저랑 동기 둘이 의기투합해 디자인 스튜디오를 운영했어요. 프래그는 그때 만든 이름인데, 실용주의를 뜻하는 프래그마틱(Pragmatic)에서 앞 글자를 따온 이름이에요. 단순히 아름다운 물건이 아니라 생활에 쓰임이 있는 상품을 만들자는 게 저희의 목표였어요. 그러다 사업을 키우면서 중간에 사용했던 법인명이 프래그랩이고요. 지금은 '㈜프래그'라는 법인명을 쓰고 있어요.

🌱   프래그(랩)을 검색하면 '노플라스틱선데이'가 제일 먼저 뜨던데, 둘은 어떤 관계예요?

저와 동료들은 각자의 강점이 달랐어요. 한 친구는 그래픽 디자인을 잘하고, 다른 친구는 3D에 강하고요. 저는 호기심이 많고 교육 키트에 관심이 많았는데, 세 사람이 각자 강점을 살려 서로 다른 프로젝트를 진행했어요. 그러다 제가 진행했던 플라스틱 재활용 프로젝트가 점점 커져서 '노플라스틱선데이'라는 브랜드를 만들게 되었어요. 현재는 재활용 플라스틱을 재료 삼아 상품을 만드는 일이 주력사업이 돼서, 세 사람 모두 매진하고 있어요.

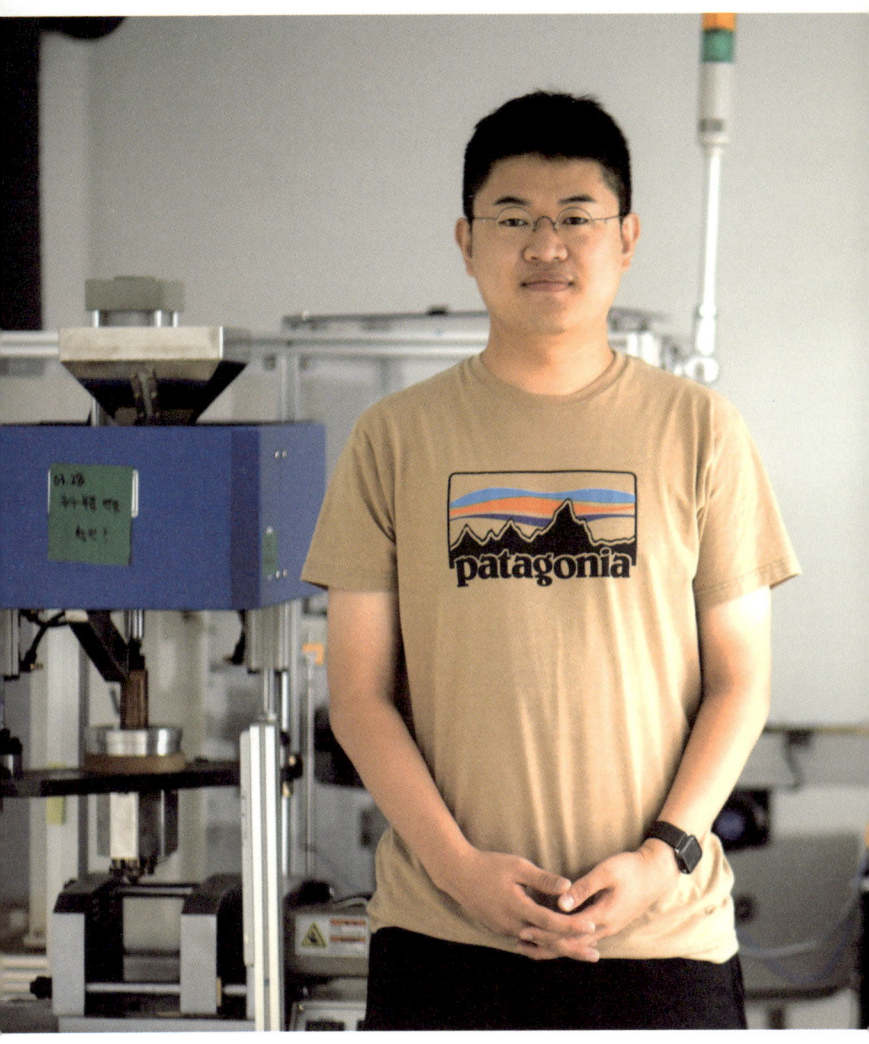

🎙 노플라스틱선데이가 효자 브랜드가 됐군요. 주로 어떤 상품을 만드세요?

저희는 대형 공장 시스템이 아니기 때문에 작은 소품을 주로 만들어요. 튜브짜개, 키링, 비누받침이나 칫솔꽂이 같은 것들이요. 대부분 의뢰를 받아 OEM 방식으로 제작하는 제품들이에요. 대기업부터 중소브랜드, 개인 창작자들까지 다양한 고객분들이 있어요.

🎙 시스템이 잘 갖춰진 대형 공장들을 놔두고, 왜 소규모 브랜드인 노플라스틱선데이 제품을 선호하는 걸까요?

음… 팬데믹 이후에 환경에 대한 인식이 달라진 게 가장 큰 이유인 것 같아요. 플라스틱을 덜 사용하려는 사회적 분위기와 기업들의 ESG 경영도 재활용 플라스틱을 주목하게 만들었어요.

또 저희가 만든 제품은 플라스틱 알갱이들이 알알이 들어 있는 독특한 마블링을 갖고 있어요. 저희가 사용하는 기계의 특이점 때문인데요, 이 마블링 효과 때문에 재활용 플라스틱 제품도 멋지고 매력적일 수 있구나, 하는 고객들의 반응이 많은 편이에요.

### 플라스틱 재활용 기계는 직접 개발한 건가요?

제가 개발한 건 아니고요, 네덜란드의 디자이너 데이브 하켄스가 플라스틱 업사이클 프로그램으로 개발했어요. 누구든 어디에서든 업사이클 공장을 만들자는 취지로, 기계를 만드는 방법부터 무엇을 만들면 좋을지 자세한 안내서를 온라인에 공유했어요. '프레셔스 플라스틱(Precious Plastic)' 프로젝트로 잘 알려져 있어요. 저도 처음에는 오픈소스를 보고 기계를 만들었다가 지금은 사용하면서 느낀 단점들을 보완해서 직접 업그레이드 버전을 만들어 사용하고 있어요.

### 업사이클에 원래부터 관심이 많았나요?

학교 다닐 때는 디자인 잡지에 나오는 스타 디자이너가 되고 싶었어요. 하하. 금속공예를 전공했는데 학부 때 프라이탁 업사이트 브랜드가 막 인기를 얻고 있었어요. 의식 있고 트렌디한 사람이라면 프라이탁을 메고 다니는 그런 분위기였거든요. 나도 업사이클 디자인을 한번 해볼까 싶더라고요. 폐자전거로 탁자 등 가구를 만들어서 프래그 멤버들과 서울 디자인 페스티벌 전시회에 참가하기도 했어요.

💬 프라이탁 같은 유명 브랜드 디자이너가 되고 싶어서요?

맞아요. 하하. 대학 졸업하고 사회적기업인 '두바퀴희망자전거'와 협업해서 버려진 폐자전거를 이용해 자활 훈련하는 노숙인 분들과 일 년 동안 진짜 열심히 만들었어요.

그러다 우연히 월간 디자인에서 '프레셔스 플라스틱' 오픈소스 프로젝트를 봤는데 흥미로웠어요. 해보고 싶었죠. 하지만 그

당시엔 제작비용도 없었던데다 과연 내가 기계를 만들 수 있을까 확신이 없었어요.

🎤 온라인에 오픈소스가 있다고는 하지만 국내에서 시도한 경우가 거의 없을 때였는데 직접 재활용 기계를 만들게 된 계기가 있었나요?

을지로 덕분이에요. 2016년에 저희 스튜디오가 을지로에 있었거든요. 금속과 철을 가공하는 업체와 공장들, 모터와 히터 컨트롤러를 판매하는 곳까지… 기계를 만드는 데 필요한 기술과 부품이 을지로를 중심으로 다 모여 있었어요. 마침 서울시 청년허브 지원금을 신청했는데, 운 좋게 선정이 됐어요. 생각만 해오던 일을 실행할 수 있는 조건이 모두 갖춰지게 된 거죠. 잘 모르는 건 주변 기술자분들 찾아가 많이 묻고, 용접은 친구들과 직접 했어요. 폐자전거 가구 만들 때 익혀둔 용접술이 이때 빛을 발하더라고요.

🎤 어렵게 기계를 만들고는 워크숍 활동을 주로 했어요. 디자이너 분들이니까 플라스틱을 재활용한 디자인 상품을 만들 거라고 생각했는데요.

물론 처음 기계를 만들고 뭐든 만들어보고 싶은 의욕이 넘쳤죠. 그런데 폐플라스틱을 구하는 일이 생각보다 어려웠어요. 일정량이 모여야 물건을 만들 수 있는데, 평소 먹는 생수 페트병만 모아서는 어림없더라고요. 플라스틱을 구하려고 서울시의 쓰레기들이 모이는 분류장을 찾아가서 폐플라스틱이 담긴 큰 자루를 받아왔어요. 열어보니 고추장이 그대로 들어있는 통부터, 음료가 담긴 페트병들이 가득했어요. 애초에 깨끗하게 씻어서 배출하지 않으면 분류장에 그대로 남겨진다는 걸 그때 알았어요. 한나절 동료들과 다 같이 붙어서 플라스틱을 씻다가 이건 아니다 싶더라고요. 그 후부터는 기계를 싣고 깨끗한 플라스틱을 찾아 나섰어요.

🎤 그래서 찾았나요?

주로 환경을 주제로 한 어린이 행사들을 찾아갔어요. 행사장에서 바로 나오는 폐플라스틱은 깨끗한 편이거든요. 그리고 즉석에서 플라스틱을 분쇄하고 녹이는 과정을 어린이들에게 교육하는 행사를 진행했어요. 물건을 만들기보다는 재활용 플라스틱 제품이 어떻게 만들어지는지 교육 프로그램으로 전환을 한 거죠. 그러다 숲과나눔 풀씨 프로그램 지원을 받아서 직접 '프

레셔스 플라스틱' 오픈소스를 이용해 기계를 만들어보는 교육 프로그램을 진행할 수 있었어요.

🌿 **지금의 노플라스틱선데이까지 오는데 우여곡절이 많았네요. 지금은 어떻게 플라스틱 재료를 얻고 있어요?**

서울환경연합의 '플라스틱 방앗간'과 코워크를 하면서 플라스틱 수급의 실마리를 찾았어요. 플라스틱 방앗간에서 필요한 기계를 저희가 제작했고, 플라스틱 방앗간에선 페트병 뚜껑 모으기 캠페인을 통해 재료를 확보할 수 있었어요. 그렇게 서로에게 필요했던 것들을 공유하면서 기존의 워크숍 형태에서 제조를 할 수 있는 여건이 만들어졌어요. 마침 2020년부터는 곳곳에서 '프레셔스 플라스틱' 프로젝트를 하고 싶다, 재활용 플라스틱 제품을 만들고 싶다는 의뢰가 들어오기 시작했고요.

🌿 **숲과나눔의 풀꽃 사업은 프래그에 어떤 영향을 미쳤나요?**

풀꽃 사업 전에는 제품을 만들거나 기계를 사용하는 일을 주도적으로 하기보다 누가 요청을 하면 만들었어요. 그런데 풀꽃 사업으로 '노플라스틱선데이'라는 브랜드를 만들면서 전환이 왔어요. 플라스틱 재활용 제품을 만드는 일이 저희의 메인 비즈

니스가 된 거죠. '노플라스틱선데이'의 홈페이지, 홍보영상, 비즈니스 모델 체계를 풀꽃 사업을 통해 만들었거든요.

또 풀꽃 사업을 하는 다른 팀들과도 인연을 맺게 되고, 서로에게 도움이 되는 관계로 발전했어요. 예를 들어 쏘왓팀의 의뢰로 제작된 '노비닐 키링'은 지금도 많은 인기로 재제작이 잦은 편이고요, 알맹상점은 저희 기계를 구매하면서 서로 연락을 자주 하게 됐는데, 지금은 특정 색깔의 플라스틱이 필요할 때 도움을 요청하면, 모아서 보내주시기도 해요. 풀꽃 사업을 한 다양한 참여자들이 있는데 마치 다양한 나무들이 사는 숲, 공동체 같아요.

### 일을 하면서 가장 행복했을 때는 언제였어요?

좋은 분들을 만나서 신뢰를 쌓을 때 행복을 느끼는 것 같아요. 지금처럼 저희가 알려지지 않았을 때 포항나눔지역자활센터 센터장님이 을지로 사무실까지 찾아오셨어요. 플라스틱재활용 분쇄기랑 사출기 설비를 해달라면서요. 초기 단계라 제품을 만들기엔 한계가 있다, 제대로 사용을 하실 수 있겠냐…. 걱정이 많은 저와 달리 센터장님은 "어떻게 되겠죠, 뭐~." 하시면서 느긋하셨어요.

정말 이 기계로 물건을 만들 수 있는 것인지, A/S는 해주는 건지 따지지 않고 그냥 저를 믿고 구입하셨어요. 그 후로 기계에 문제가 생길 때마다 서로 연락하면서 인연을 이어갔어요. 아마 몇 년 동안은 시행착오가 많으셨을 거예요. 그런데 최근 저희가 제조해야 하는 물량이 늘면서 센터장님에게 협업을 요청드렸죠. 덕분에 포항에서도 '노플라스틱선데이' 제품을 만들고 있어요. 저희에게 아무것도 없을 때 믿어주셨던 분들에게 일자리를 만들어드릴 수 있게 돼 정말 뿌듯해요. 포항나눔지역자활센터를 만난 건 정말 행운이었어요.

노플라스틱선데이를 기억하고 찾는 분들이 늘고 있는데, 요즘 고민은 뭐예요?

처음엔 앞에 보이는 장애물을 뜀틀 넘듯 넘어가면 되는 느낌이었어요. 프레셔스 플라스틱이라는 방향과 가이드가 있어서 그걸 따라서 여기까지 왔는데, 이제는 프래그의 가치관을 스스로 만들어야 하는 시점이 왔어요. 리사이클 쪽은 워낙 잘하시는 분들이 많기 때문에 우리와 어떻게 다른지 차별점을 만들어야 해서, 지금은 어떤 질문을 던지고, 어떤 방향으로 공부를 해야 할까 하는 고민이 많아요.

### 🎙 롤모델로 삼고 있는 인물이나 단체가 있나요?

프레셔스 플라스틱을 만든 디자이너 데이브 하켄스가 여전히 제 롤모델이에요. 디자인하는 것들도 멋을 부리지 않고 자연스러움을 추구하는 것, 뭣보다 프로젝트 결과물이 나오면 온라인에 공유하고 누구나 와서 이야기할 수 있는 공론의 장을 만들어요. 내 것이라고 집착하지 않고 공유하는 마인드가 부럽기도 하고 배우고 싶기도 하고요.

### 📎 앞으로의 계획은 무엇인가요?

기왕 물건을 사야 한다면 고객들이 재활용 플라스틱 제품을 첫 번째 옵션으로 생각할 수 있을 만큼 디자인이 좋은 제품을 합리적인 가격대로 만들어 보급하고 싶어요. 마치 다이소처럼 재활용 플라스틱 제품들로만 채워진 다양한 상품을 만들고 싶고요. 뭣보다 이 일을 해내는 데, 포항나눔지역자활센터 분들처럼 일을 통해 자활이 필요한 분들과의 인연을 넓혀가고 싶어요.

풀꽃 활동 소개

## 재활용 플라스틱 사출 서비스 구축과 고도화 프로그램 개발

플라스틱을 수집하고 가공하는 방식(사출)에 대한 기술들을 워크숍과 전시를 통해 널리 알리고, 사출 서비스를 구축(기술의 고도화)하면서 수집-제작-유통 과정의 협업주체들과 협업구조를 만들어 지역의 자활센터와 플라스틱 재활용제품 제작 공정을 연계하여 간접적으로 일자리 창출을 도움.

### 풀씨 주요활동(풀씨 2기, 2019년)

- 지역 내 플라스틱 수집하여 각종 Tag 제품 생산 및 판매
- 시민참여형 워크숍 진행 및 세운상가 도시기술장 지퍼택 제작 워크숍 참여

### 풀꽃 주요활동(풀꽃 5기, 2021년)

- 고객(업사이클 제품 제작 관련 기관, 개인) 지원 서비스 구축
- 재활용 플라스틱 사출 기술력 강화

- 설비의 모듈화를 통한 보급 지역 자활센터와 연계, 재활용 플라스틱 사출 기술을 이전하여 일자리 창출


- 플라스틱 재활용 약 2,000kg 이상을 활용한 재활용 제품 제작(약 9만 개)
- 협력 파트너(개인 및 단체 약 138여 개)와의 협업을 통한 사업 진행
- 노플라스틱선데이 홈페이지 제작 및 브랜드 런칭
- 플라스틱 공예 워크숍(4회 차) 진행
- 기술 이전 및 위탁생산 진행(포항나눔지역자활센터 연계)
- 1년간 6개 기관(오브젝트 홍대점, 알맹상점리스테이션, 아시아문화전당, KB청춘마루 등)에서의 플라스틱 재활용 전시 개최

프래그(랩) 홈페이지 noplasticsunday.com
인스타그램 @noplasticsunday.official
이건희, 최현택

우리
아파트에는
새가 산다

# 아파트 탐조단

박임자 : 탐조책방 대표

아파트에서 새를 관찰하는 아파트 탐조단 단장이자, 도시에서 새를 만나는 탐조책방 대표이며, 엄마 맹순씨와 꽁냥꽁냥 프로젝트를 하며 살고 있다.

　늙고 병든 엄마 손을 잡고 나선 곳은 아파트 정원이었다. 그해 겨울 귀한 철새들이 아파트를 찾아왔다. 러시아와 아무르, 캄차카를 거쳐 우리에게 온 새들은 기꺼이 친구가 돼주었고, 엄마는 차츰 생기를 되찾았다. 그렇게 엄마와 함께하는 탐조가 시작됐다. 새들의 마력이 대체 뭐냐고? 말갛고 반짝이는 그들과 운 좋게 눈이 마주치게 된다면 단숨에 알게 될 것이다. 새의 맑은 눈을 응시하는 우리 안에도 저마다 맑고 깊은 우물이 존재하고 있다는 것을.

🌿 원래부터 새를 좋아했어요?

웬걸요. 평생을 새에 대해 전혀 모르고 살다가 8년 전에 우연히 탐조(探鳥, 새의 생태를 관찰하는 일) 프로그램에 참여하면서 새로운 세상에 눈뜨게 됐어요. 그전까지는 전혀 들리지 않던 새소리가 사방천지에서 들리기 시작하는데, 지진이 나는 것 같은 충격적인 경험이었어요. 그 뒤로는 어디에 무슨 희귀 새가 있다더라 하면 쌍안경부터 챙겨 들고 섬이든 어디든 떠났어요. 그렇게 첫 3개월 동안 탐조한 새가 200여 종이 넘어요.

🌿 아파트에서 희귀한 새를 만날 수 있는 기회는 흔치 않을 것 같은데, 도심의 아파트를 중심으로 탐조를 시작한 이유가 궁금해요.

모든 건 저희 엄마 '맹순씨'로부터 시작됐어요. 엄마는 평생 시골에서 농사를 지으셨어요. 연세 드신 엄마를 딸들이 사는 수원으로 모셔왔는데, 어느 날 갑자기 심장수술을 받으시고 심정지가 온 거예요. 엄마가 돌아가실 수도 있다는 생각을 안 해본 건 아니지만 막상 닥치니까 충격이 굉장히 컸어요. 천만다행으로 살아나셨는데 후유증으로 섬망과 우울증이 왔죠. 그런 엄마 곁을 지키면서 제 탐조여행은 멈춰버렸고요.

엄마의 기분전환을 위해 아파트 탐조를 나가면서도 큰 기대

는 안 했어요. 아파트에 새가 있어 봐야 얼마나 있겠나 싶었거든요. 그런데 그해 겨울, 웬만해선 보기 힘든 홍여새가 나타나더니, 이어서 동박새가 등장하고, 콩새에 나그네새까지 선물처럼 다양한 철새들이 저희 아파트에 찾아왔어요. 마침 팬데믹이 터지면서 엄마와 시작한 아파트 탐조를 통해 1년 동안 47종의 새를 기록할 수 있었고, 지금은 전국의 아파트에서 새를 관찰하고 기록하는 아파트 탐조단으로 이어져 전국에서 함께 기록하는 활동이 되었어요.

🎤 **어떤 분들이 주로 아파트 탐조단에 참여하나요?**

새에 관심이 있는 분들이라면 누구라도 참여할 수 있어요. 아파트에서 관찰한 새 사진과 영상, 새가 무엇을 하고 있었는지 행동, 아파트 어디에서 봤는지, 또 새를 보며 느낀 기분을 네이처링 플랫폼에 기록하고 있어요. 관찰한 새 이름을 잘 모를 때는, 새 이름을 묻는 기능이 있어서 아는 분들이 이름을 알려주기도 하고요. 새를 사랑하는 분들의 집단지성의 힘으로 전국 각지 아파트 새들에 대한 생태정보를 넓혀가는 셈이에요.

🎤 **관심이 있지만 탐조를 처음 하는 분들은 어디서부터 어떻게 시작해야 할지 막막할 것 같아요.**

탐조를 경험하고 싶어 하는 분들을 위해서 '수원새산책' 프로그램을 진행하고 있어요. 한 달에 네 번 수원의 네 군데 지역으로 탐조를 나가는데, 이제 막 탐조를 시작한 분들이나 어린이가 있는 가족들이 주로 신청을 하세요. 한 번 탐조를 나가면 3시간 정도 집중해서 새를 관찰하고, 그날의 경험을 함께 나눠요. 네이처링에 기록도 하고요. 이렇게 두세 번 참여하고 나면 혼자서도 탐조를 할 수 있을 만큼 실력을 얻고 입문을 마치게 되죠.

🎙 일단 시작해보는 게 중요하겠어요. 요즘 섬이나 시골이 아니라 도시에서 탐조하는 분들이 부쩍 늘고 있어요.

팬데믹이 미친 영향이 꽤 컸던 것 같아요. 우리의 일상이 얼마나 소중한지 알게 됐으니까요. 가까운 곳에서 행복을 찾으려는 분들이 주변의 자연과 새들에게 눈을 돌리게 된 거죠. 그리고 더 이상 탐조가 전문가들만 하는 게 아니라는 걸 알게 된 것도 도시 탐조인이 생겨나는 이유 중 하나예요. 8년 남짓한 저의 탐조경력은 기존 탐조인들에 비하면 짧은 편이에요. 20년 넘게 하신 분들도 있으니까요. 그런 제가 전문가 흉내를 내기보다는 아는 수준에서 초보자분들이 탐조에 입문할 수 있도록 가이드를 하는데 그 내용이 거창하지 않아요. 접근이 쉽기 때문에 부담 없이 참여하시는 것 같아요. 실제로 한 부모님들은 자녀의 생일 선물로 가족이 함께 탐조 프로그램에 신청하기도 했어요.

🎙 물건이 아니라 자연을 관찰할 수 있는 경험을 아이에게 선물하는 것도 멋진데요.

그렇죠. ^^ 게다가 그분들은 수원분들이 아니어서 하룻밤을 수원에서 묵고 다음 날 아침에 탐조를 해야 했어요. 사실 새로운 것을 배우려면 서울로 가야 할 때가 많잖아요. 그런데 탐조를 위해 많은 분들이 수원을 찾아오고 있어요. 저희 프로그램에 참여하는 분들 중 열에 아홉이 타 지역 분들인데, 새를 보려고 수원으로 이사 오고 싶다는 이야기를 들을 때 참 뿌듯해요.

🎙 탐조에 대체 어떤 마력이 있기에 이처럼 빠져드는 걸까요?

아파트 탐조단 분들이 새를 가장 많이 만나는 순간이 언젠 줄 아세요? 장 보러 갈 때예요. 언제 어떤 새를 만날지 모르니까 쌍안경은 필수로 갖고 다니거든요. 그런데 새는 예민해서 누가 자신을 보는 걸 금방 알아채거든요. 그럼 상대를 꼭 쳐다봐요. 이걸 눈 마주침이라고 해요. 새와 눈이 마주치면 무슨 마법에라도 걸린 것처럼 꼼짝을 못하게 되죠. 완전히 집중해서 서로를 바라보는데 좀 전까지 하던 고민들도 싹 사라지고 오로지 새와 나만 남아요. 이렇게 현재에 집중하는 경험이 쌓이고 쌓이면 일상도 즐겁고 긍정적이 돼요.

🎤 탐조 때문에 가장 큰 인생의 변화를 겪은 분이 어머니 '맹순씨'일 것 같아요. 많은 분들이 맹순씨가 그린 사랑스러운 새 그림을 좋아해요. 어머니는 어쩌다가 새를 그리게 되셨어요?

사실 엄마는 새를 싫어했어요. 제가 탐조에 한참 빠져서 훌쩍 섬으로 떠날 때마다 뭐 한다고 고생하며 새를 보러 다니냐고 잔소리를 하셨어요. 그러던 어느 날 집 베란다에 새 먹이대를 만들어 먹이를 놔두었더니 새들이 날아와 먹이도 먹고 한참을 머물다 가는 거예요.

그걸 본 엄마가 "너는 왜 가지도 않고 멀뚱멀뚱 보고 있어?", "내가 밥 주니까 좋지?" 하시며 새들과 친해지기 시작했어요. 심장수술 후에 자식들에게 보살핌만 받다가 새들을 살뜰히 보살피면서 마음을 쏟으시더라고요.

그래서 "엄마, 새 한번 그려봐요, 곧 명절인데 손주들한테 새 그림 편지 써주면 좋잖아." 슬쩍 운을 띄웠죠. 처음엔 싫다고 하시더니, 볼펜과 색연필로 아이처럼 그림을 그리시더라고요. 그렇게 탄생한 첫 번째 그림이 지금 가장 사랑받은 작품이 됐어요.

🎤 새를 만나고 맹순씨의 삶에 어떤 변화가 찾아왔는지 궁금해요.

지금은 새 그리는 일을 너무 좋아하세요. 볼수록 새가 이쁘고 본인이 그린 새 그림도 이쁘다면서요. 사실 탐조를 시작하기 전에 엄마는 우울증뿐 아니라 치매도 걱정되는 상황이었어요. 그런데 엄마의 새 그림을 좋아하는 분들이 생기고, 소개하는 자리도 생기면서 많이 밝아지셨어요. 전시회에 가면 저는 어머니를 새 그림 작가이자 팔순의 활동가라고 소개해요. 엄마도 그냥 따라다니는 게 아니라 탐조 현장 안내도 하고, 작품도 설명해야 하고, 할 일이 많아요. 어느 날엔가 몸이 움직일 때까지 활동가로, 작가로 활동하겠다고 하시는데 마음이 찡하더라고요.

🌿 탐조책방 이야기를 안 할 수 없어요. 서점은 어떻게 시작하게 됐어요?

대학 졸업하고 문화기획 일을 4, 5년 정도 했는데 IMF로 회사가 어려워지면서 경력이 단절됐어요. 나이 오십 이후에 언젠가는 문화기획 일을 다시 하고 싶다는 생각을 막연히 갖고 있었어요. 그런데 막상 오십이 돼서 기획 일을 해보려니까 어디서부터 어떻게 해야 하는지 모르겠더라고요. 그때 경기문화재단의 다사리 문화기획 학교를 다녔던 것이 큰 도움이 됐어요. 중년의 제가 뭘 하고 싶은지 실험하는 시간을 가질 수 있었거든요.

마침 그곳에서 서점을 운영하면서 가죽공예를 하는 분을 만났

는데, 요즘 동네 책방은 책만 판매하는 게 아니라 책방지기가 하고 싶은 일을 하면 된다는 걸 그때 처음 알았어요. 저는 탐조를 좋아하니까 탐조책방 해야겠다 가볍게 생각했는데, 운 좋게 경기상상캠퍼스에 입주하게 되면서 정말로 서점을 열게 됐어요.

🎙 탐조책방에서만 구매할 수 있는 특별한 상품이 있다면서요.

사실 서점에서 책이 많이 판매되지는 않아요. 하지만 구경 오셨다가 탐조세계로 입문하는 경우가 있어서, 탐조에 도전해보고 싶은 초심자분들을 위해 쌍안경과 새 도감을 세트로 판매하고 있어요. 쌍안경과 새 도감, 이 두 가지만 있으면 누구나 탐조인이 될 수 있거든요. 그런데 처음엔 호기심으로 구입했다가 쌍안경을 사용하지 않고 묵혀 두는 경우가 많더라고요. 아깝잖아요. 그래서 탐조를 체험할 수 있는 1회 체험권을 추가했어요. 덕분에 탐조인들이 늘어나니 저로선 반가운 일이죠.

🌿 **아파트 탐조단부터 탐조책방까지, 본인이 좋아하는 일을 구심점으로 확장시켜갔어요.**

사회 초년생 때 했던 기획들은 해외에서 들여온 그림을 전시하는 일이었어요. 아무래도 일상과는 좀 동떨어진 것들이잖아요. 기획 일을 그만두고 심리상담 일을 해온 제가 다시 기획을 하려 했을 때, 기댈 곳은 결국 제 일상이었어요. 제 삶에 가장 큰 부분인 엄마와 탐조, 책이 모든 기획의 바탕이 됐어요. 유행이 아닌 제 생활에서 나온 기획이었기 때문에 지속성을 갖고 할 수 있는 것 같아요. 그래서 일이라기보다는 제 삶을 살아가고 있다는 느낌을 받을 때가 많아요. 그리고 그 과정에서 숲과나눔을 만난 건 큰 행운이었고요.

🎙 **숲과나눔은 어떻게 만나게 되었어요?**

엄마의 새 그림이 꽤 모이고 나니까 그림을 활용해서 초보 탐조인들을 위한 아파트 새 지도를 만들고 싶더라고요. 지원해줄 곳을 찾아봤는데 제로웨이스트 관련한 지원사업은 많은데, 저처럼 자연을 대상으로 한 프로젝트를 지원하는 곳은 거의 없었어요. 그때 지인 소개로 숲과나눔의 풀씨 사업을 알게 됐죠.

🎙 **숲과나눔과 함께 한 프로젝트 진행은 순조로웠나요?**

처음엔 낯설고 겁도 났어요. 회계니, 세금이니 하는 쪽으로는 왕초보였거든요. 더구나 공모사업은 영수증을 증빙하는 일이 중요하잖아요. 그런데 세상에, 담당자분이 "풀씨 사업에는 영수증이 필요 없습니다." 하는 거예요. 그 한마디에 나도 해볼 수 있겠구나, 용기를 낼 수 있었어요.

🎙 **풀씨, 풀꽃 사업을 거쳐서 초록열매 프로젝트까지 진행하고 있어요. 이제 행정업무에 익숙해지셨나요?**

프로그램을 기획하고 진행하는 건 얼마든지 즐겁고 자신 있지만 행정업무는 여전히 헤매고 있어요. 하나부터 열까지 몸으로 시행착오를 겪어내면서 능숙하지 못한 스스로에게 실망감은

또 왜 그렇게 들던지…. 그럴 때는 정말 힘들었어요.

### 어떻게 슬럼프를 지나왔나요?

어느 날은 포기하고 싶을 만큼 힘들다고 하소연하는 저에게 담당자분이 그러시더라고요. 이미 많은 일을 진행해오지 않았냐고, 잠깐 쉬는 시간을 갖고 다시 해보는 게 어떻겠냐고요. 그동안의 과정을 곁에서 다 봐온 분의 위로는 그 어떤 말보다 힘이 됐어요. 다행히 잠깐 쉬고 나니까 다시 해볼 힘이 나더라고요.

### 처음 풀씨 사업을 했을 때와 지금은 어떤 것이 달라졌어요?

작은 사이즈의 풀씨 프로젝트부터 초록열매까지 단계별로 프로젝트를 진행하면서 머릿속에서 구상했던 것을 세상에 내보내는 일 사이에는 어마어마한 과정들이 있다는 걸 알게 됐어요. 풀씨가 열매가 되듯 작은 프로젝트가 눈덩이를 굴리듯 큰일로 이어진다는 것도 경험하게 됐어요. 지금의 탐조책방을 열게 된 것도 숲과나눔 프로젝트를 했던 경험들이 도움이 많이 됐어요.

### 탐조를 통해 해보고 싶은 일들은 다 이루셨나요?

웬걸요. 도시와 아파트에 사는 새들의 생활 여건은 아주 열악

해요. 새들이 살기 좋은 키 작은 관목도 적고, 먹이와 마실 물도 턱없이 부족하죠. 아파트 정원에 새집을 달고 관리하는 일, 먹이대, 마실 물을 위해 도시 웅덩이를 만드는 일 등등 해야 할 일은 아직 많아요. 3년 동안 쉬지 않고 달려오다 보니 조금 지칠 때도 있지만 그럴 때면 오롯이 새를 만나는 시간을 통해 충전을 하기도 해요.

그리고 지금까지는 도시에서의 탐조와 탐조 입문에 집중했다면, 앞으로는 탐조 문화기획을 통해 다양한 탐조문화를 선보이고 다른 단체와의 콜라보를 통해 탐조문화 확산에 조금 더 집중해볼 생각이에요.

풀꽃 활동 소개

# 아파트 탐조(探鳥) 프로그램 진행 및 가이드북 제작

아파트에서 우리 주변에 있는 새들을 탐조하며 새에 대해 자세히 알고 관계를 맺어, 우리와 새들이 살고 있는 주변 환경과 자연에 대한 관심을 가지도록 하고, 내 지역과 주변을 가꾸어 나가도록 하는 올바른 탐조문화를 확산하고 생태 감수성을 증진시킴.

### 풀씨 주요활동(풀씨 5기, 2020년)

- 지역 주민들과 함께 아파트에 살고 있는 새를 탐조하고 기록하는 활동
- SNS(페이스북, 밴드, 네이처링 등)를 활용한 아파트 탐조문화 형성
- 아파트 새 지도 제작

### 풀꽃 주요활동(풀꽃 5기, 2021년)

- 아파트 탐조 교육(온·오프라인)
- 새 그림 전시회, 아파트 탐조대회 진행

- 아파트 탐조 모니터링(탐조&생태환경) 지원
- 아파트 탐조 가이드북 제작

> 초록열매 주요활동 (초록열매 1기, 2022년)

- 어린이 아파트 탐조단
- 아파트 탐조가이드
- 아파트 3년의 기록 전시
- 아파트 탐조 홍보활동
- 인공새집 달기활동


- 아파트 탐조기록 총 130종/9,439회 기록
- 아파트 탐조단원 증가 (총 1,171명)
- 언론 노출로 인한 도시탐조에 대한 관심과 수요의 확장: SBS 물은 생명이다(2021.7/2022.1), SBS뉴스(2021.9), MBC (2021.11), 연합뉴스(2021.12), KBS(2023.5) 등 방영
- 아파트 탐조가이드 1, 2기 교육 진행 (매 기수별 10강 이상)
- 어린이 아파트 탐조단 1기 교육 진행 (총 7강)

페이스북 그룹 '아파트 탐조단'

 네이처링 미션 '아파트 탐조단'

 www.naturing.net/m/3832/summary

인스타그램 '탐조책방' @_bird_books

박임자, 박경희, 정맹순

## 마치며…

 지난여름부터 늦은 가을까지 아홉 명의 시민 개척자들을 만나러 다녔다. 이들을 만나기 위해 때론 기차를 타고, 시장 골목과 힙한 거리를 누볐다. 사는 곳은 제각각이었지만 약속이나 한 듯 맑은 눈을 반짝일 때마다 깊은 갱도 어딘가에 숨겨진 보석을 발견한 기분이었다. 세상이 대단히 알아주는 것도, 그렇다고 돈을 많이 버는 일을 하는 것도 아닌데 한결같이 자신들이 하는 일이 참 재밌다고, 때론 뿌듯할 때도 있다고 말하는 걸까. 진심 궁금했다. 한동안 일하는 재미와 보람을 잃어버리고 서성이던 참이어서 더욱 그랬다.

 맨 처음 만났던 이는 제주 바닷속으로 뛰어 들어가 산호를 통해 제주바다의 생태계를 관찰하고 기록해 세상에 알리는 녹색연합의 신수연 팀장이었다. 그녀와 이야기를 하며 예쁜 바다식물 정도로 생각했던 산호가 잘 지내면 지낼수록, 우리의 일상이 안전하다는 것을 알게 됐다. 그렇게 인터뷰이 한 분 한 분을 만나는 동안 매일 버리는 우유팩과 일회용 컵, 그리고 동네의 가로수와 그 위를 날아다니는 새들이 우리의 삶과 얼마나 깊게 연결돼 있는지를 배웠다. 그리고 평소 텀블러와 장바구니를 품고 다니며 이 정도면 지구를 위해 최소한의 예의를 지키고 살고 있다 생각했던 안일함을 반성했다.

아홉 명의 인터뷰이가 뭣보다 멋있다고 생각하는 이유는 세상을 위한 아이디어를 발아시키기 위해 용기 있는 도전을 했고, 많은 시행착오를 겪으면서도 포기하지 않았다는 거다. 또 재밌는 건 다 같이 해야 더 재밌다며, 시민들의 공감을 얻어내 많은 이들과 프로젝트를 진행시킨 것은 굉장히 의미 있는 성과이다. 아홉이란 숫자는 고대 유대인들에게는 불가사의한 힘을 상징한다고 한다. 숲과 나눔의 풀꽃 사업에 참여한 아홉 명의 인터뷰이 분들이 오래도록 세상을 향한 따뜻한 파워를 이어갔으면 좋겠다.

강정미 / TV 드라마, 다큐멘터리작가

부록

## 숲과나눔 재단소개

숲과나눔은 가정·일터·지역사회의 환경이 숲과 같이 건강하고 안전하며 지속가능한 곳이어야 한다는 우리 사회의 여망이 모여 만들어진 공익재단입니다.
사회의 급격한 변화 때마다 위협받는 것이 환경·안전·보건입니다.
환경·안전·보건은 시민들의 감수성과 긴밀히 연결되어 있고, 국가와 사회의 도덕성, 공공성과 직결되는 문제이기도 합니다.
재단법인 숲과나눔은 '숲'의 미덕과 '나눔'의 힘을 믿습니다. 환경·안전·보건 분야에서 주도적 역할을 할 인재를 양성하고, 합리적인 문제 해결과 대안, 담론을 개발하고 확산시키기 위해 사회의 여러 구성원과 협력하고 소통할 수 있도록 실천하며 나아가겠습니다.

몇 그루의 나무가 모여야

'숲'이라고 할 수 있을까요?

제 그늘과 내음과 씨앗과 열매를

다른 나무, 다른 사람, 너른 세상과 나누기 시작하면

'숲'이 됩니다. '나눔'이 됩니다.

# 숲과나눔 주요사업

재단법인 숲과나눔은 우리 사회를 숲과 같이 가꾸어 나가고자 합니다.
이를 위해 인재양성사업, 대안개발사업, 교육·협력사업 등을 다양하게 펼쳐 나가고 있습니다.
재단법인 숲과나눔은 환경·안전·보건 분야의 인재 양성을 통해 안전하고 건강한 사회를 만드는 공익재단입니다.

## 1. 인재를 키웁니다: 인재양성사업

환경·안전·보건 분야의 미래 지도자급 인재, 문제 해결 능력과 공공 사회의 신뢰를 갖춘 핵심 지도자급 인재를 양성해 사회적 가치 실현에 기여합니다.

### 인재양성 프로그램

- 석·박사과정 장학지원
- 글로벌리더십 장학지원
- 특정주제연구자 연구지원

### 비영리 인재양성

- 장기근속 공익활동가 장학지원
- 풀씨아카데미 / 풀꽃아카데미
- 시민과학풀씨

## 2. 아이디어와 대안을 만듭니다: 대안개발사업

국가·사회적 난제에 대한 대안·담론을 만듭니다. 환경·안전·보건 분야의 난제를 과학에 기반, 합리적으로 해결할 수 있는 대안과 담론을 개발, 확산합니다.

### 시민아이디어 지원사업

- 시민아이디어 지원사업 l 풀씨
- 국제 시민아이디어 지원사업(Global Seed Grant) l 국제풀씨
- 시민아이디어 사업화 지원사업 l 풀꽃
- 시민아이디어 전국 확대 지원사업 l 농부시장 마르쉐와 함께하는 풀숲
- 미래세대를 위한 더 나은 환경프로젝트 l 초록열매

### 대안담론개발

- 그루터기 총서 지원사업
- 소규모 연구모임 지원사업 l 풀씨연구회
- 포럼 생명자유공동체

### 환경학술포럼

### 풀씨행동연구소

- 전문 뉴스레터 'SHE's View' 발간

- 그린아고라
- 생물다양성 보전 및 인재양성

## 3. 고민과 해법을 나눕니다: 교육·문화·출판·협력사업

지역사회의 환경·안전·보건 문제의 고민과 해법을 나눕니다.
환경·안전·보건 분야의 실질적인 문제 해결에 기여하며 시민들의 인식 향상을 돕습니다.

### 일환경건강센터 (2023.6.5. 법인등록)

- 지역사회 산업보건 지원
- 지역 직업건강 역량 강화
- 취약노동자 안전보건 사업
- SK하이닉스 협력사 지원

### 교육·문화·출판·협력사업

- 환경아카이브 풀숲
- 환경사진 아카이브
- 미세먼지 사회과학교육 프로그램
- 도서출판 풀씨

# 시민아이디어 지원 사업

지역사회를 더 안전하고 건강하며 지속가능한 곳으로 만들기 위한 시민들의 아이디어를 단계적으로 지원해 사업화, 정책화, 전국단위 확산으로 문제 해결에 기여합니다.

## 풀씨/풀꽃/풀숲

### 시민아이디어 지원 '풀씨'

우리 사회를 더 안전하고 지속가능한 곳으로 만들기 위한 시민들의 창의적인 아이디어 발굴 및 실행 지원으로 대안 마련

### 시민아이디어 사업화 지원 '풀꽃'

환경·안전·보건 분야 난제를 풀어나갈 창의적인 아이디어의 사업화, 정책화 지원

### 시민아이디어 전국확대 지원 '풀숲'

환경·안전·보건 분야 난제를 풀어나갈 창의적인 아이디어의 전국 규모 사업화
- 전국단위 연대사업으로 사회에 변화를 일으키도록 지원
- 풀꽃 아이디어 중 사무처와 협력하여 전국화 지원

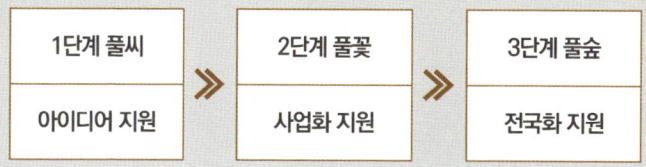

### + 국제 시민아이디어 지원 '국제풀씨'(Global Seed Grant)

OECD DAC(개발원조위원회수원국) 리스트 국가의 지역 사회를 더 안전하고 건강하고 지속가능한 곳으로 만들기 위한 커뮤니티 활동 지원

### + 미래세대를 위한 더 나은 환경 프로젝트 초록열매

사랑의열매(사회복지공동모금회)와 함께 환경문제 해결을 위한 다양한 아이디어와 새로운 시도 발굴 및 지원

# 풀꽃팀 소개

## 1기 (2019년)

- **미세먼지줄이기 나부터시민행동**
  미세먼지에 대한 올바른 인식을 가질 수 있도록 교육 영상 제작 및 보급

- **받아쓰기**
  악기공유 플랫폼 RE:PLAY의 사업화.
  고객 개발 및 플랫폼 구축

- **인어스 협동조합**
  내진설계 교육키트 제작 및 교육활동

- **자연덕후**
  도시화로 인해 동물들이 겪는 어려움을 이해하기 위한 시민과학 프로젝트 활성화

## 2기 (2020년)

- **자몽**
  
  생활 미디어 콘텐츠 플랫폼 '플라스틱 프리 소셜클럽' 제작 및 운영

- **저탄소밥상**
  
  개인 맞춤형 저탄소 식생활 코칭 프로그램, '저탄소밥상' 개발 및 보급

- **더 피커**
  
  제로웨이스트를 위한 실제 소비 기반 확산 모델 구축

## 3기 (2020년)

- **소향**
  
  '숲이 그린(Green) 마을'을 주제로 한 다양한 생태관광 프로젝트 진행

- **카페라떼클럽**
  
  마을과 함께하는 종이팩 분리배출 실험

- **보틀클럽**
  
  일회용 컵 사용 저감을 위한 '테이크아웃 다회용 컵 공유' 서비스

- **시민·되다**
  식물 관찰 역량을 증진하는 ICT 융합 기능성 보드게임, 〈나는 관찰한다–식물편〉 개발

## 4기 (2021년)

- **가로수를아끼는사람들**
  가로수 보호정책 마련를 위한 과학적 접근과 지역 네트워킹 사업

- **에코핀더하기**
  제주 바다숲을 기록하고 지키는 다이버 활동가들의 에코핀 프로젝트

## 5기 (2021년)

- **극단 실한**
  환경교육 연극 프로그램 모델 연구 및 플랫폼 개발

- **아파트 탐조단**
  아파트 탐조(探鳥) 프로그램(교육, 전시)
  진행 및 가이드북 제작

- 카페라떼클럽

  2021 종이팩 수명연장 프로젝트 진행

- 프래그(랩)

  재활용 플라스틱 사출 서비스 구축과 고도화 프로그램 개발